A
Ghost
in
the
Throat

雾野回声

[爱尔兰] 黛瑞安·尼格利弗 著

卢一欣 译

江苏凤凰文艺出版社

图书在版编目（CIP）数据

雾野回声 /（爱尔兰）黛瑞安·尼格利弗著；卢一欣译. -- 南京：江苏凤凰文艺出版社，2025.6.
ISBN 978-7-5594-9306-4

Ⅰ．K835.625.6

中国国家版本馆 CIP 数据核字第 2025QW4886 号

A GHOST IN THE THROAT
Copyright © Doireann Ní Ghríofa, 2020
All rights reserved

江苏省版权局著作权合同登记 图字：10-2024-464

雾野回声

[爱尔兰]黛瑞安·尼格利弗 著　卢一欣 译

编辑统筹	尚　飞
责任编辑	曹　波
特约编辑	俞延澜
营销编辑	陈高蒙
装帧设计	Yichen
责任印制	杨　丹
出版发行	江苏凤凰文艺出版社
	南京市中央路 165 号，邮编：210009
网　　址	http://www.jswenyi.com
印　　刷	小森印刷（天津）有限公司
开　　本	880 毫米 × 1230 毫米　1/32
印　　张	9.75
字　　数	180 千字
版　　次	2025 年 6 月第 1 版
印　　次	2025 年 6 月第 1 次印刷
书　　号	ISBN 978-7-5594-9306-4
定　　价	68.00 元

江苏凤凰文艺版图书凡印刷、装订错误，可向出版社调换，联系电话 025-83280257

THIS IS A FEMALE TEXT.

献给为我掌灯的三位名叫艾琳的女人：
艾琳·布莱克、艾琳·弗坎，
以及艾琳·杜布·尼康奈尔

目 录

1. 女性之书 　　1
2. 液体的回响 　　23
3. 到别处呼吸 　　31
4. 在挤奶房 　　37
5. 不科学的大杂烩 　　59
6. 在解剖室 　　83
7. 冰冷的吻 　　101
8. 地下密牢 　　115
9. 泥中之血 　　121
10. 看不清的两条路 　　141
11. 污点。污点。 　　153
12. 征兆：飞机与椋鸟 　　165
13. 击碎表面 　　173
14. 如今，当初 　　189
15. 一连串影子 　　205
16. 野蜂和它们吵嚷的好奇心 　　239

17. 金雀花迷蒙一片 253

致阿特·奥劳赫尔的挽歌 257

致　谢 295

延伸阅读 299

我们是奔跑的回音，
飞掠，越过那一排排房间

  ——切斯瓦夫·米沃什

唯愿我的哀号能传到遥远壮丽的
德林内恩

  ——艾琳·杜布·尼康奈尔

1. 女性之书

thug mo shúil aire duit,
thug mo chroí taitneamh duit [1]

我的眼多么渴望你，
我的心多么爱悦你

——艾琳·杜布·尼康奈尔

这是一部女性之书。

这是一部女性之书，我是一边整理别人的衣物，一边将它完成的。它在我的脑海里时时萦绕，轻柔地、缓慢地生长，与此同时，我做着数不清的家务。

这是一部在内疚和欲望里孕育而成的女性之书，一同被织入其中的还有卡通童谣的配乐声效。

---

[1] 爱尔兰语。

这是一部女性之书，它的存在本身就已是微小的奇迹，正如此刻，通过普通的排字印刷的奇迹被传送给另一个意识。同样普通的，还有思想的跳跃，此刻正从我的身体驰往你的脑海。

这是一部女性之书，写于二十一世纪。太迟了。有的事沧海桑田。有的事一成而不变。

这是一部女性之书，也是一首哀凄之歌：一支挽歌，苦工的号子，赞颂的曲子，是吟诵，是恸哭，是悲叹，是回响，是合唱与赞美诗。请与我一道继续。

2012

我的每个清晨都差不太多。亲吻我的丈夫，在亲吻时感到揪心——无论我们的晨间告别重复了多少次，他离开时我总是想念他。而当他驾驶着摩托车呼啸而去，我已匆忙地进入了属于我的一天。我先给儿子们做饭，然后将他们吃剩的餐盘装进洗碗机，捡拾玩具，清理满地狼藉，抓紧看看时间，把大儿子送去学校，带着学步期的孩子和小婴儿回到家，叹气、抓狂、笑啊、亲吻啊、瘫软在沙发上给最小的儿子喂奶，再抓紧看看时间，读几遍《好饿的毛毛虫》[1]，在卫生间台盆前把婴儿吐在我的马尾辫上的奶清洗干净，未果，搭积木，搭起来就被推倒，准备拖地，结果婴儿又哭了，学步期的孩子在拖了一半的地板上滑倒了，要亲亲他的膝盖，再看看时间，把新洒出来的果汁擦拭干净，让学步期的孩儿独坐在餐椅上玩拼图，然后把最小的孩子抱上楼去睡觉。

孩子睡在一张用黑色橡胶带绑牢的三手婴儿床上，我们租来的房子卧室的墙壁没有淡雅的壁画，而是装饰着由黑色霉菌组成的星座图。我不会唱摇篮曲，所以就用少年时期磁带里的曲子代替。我曾经过于痴迷地循环播放《命运警察》[2]这首歌，我都担心那棕色磁带卷盘断裂，但我每次按下播放键，这支歌儿仍旧响起。这一回，我疲惫极了，又记起了这首歌的旋律。怀中婴儿大口吮吸着乳汁，我轻轻地哼着这首歌。一旦他松开下巴，睡眼昏沉，我便悄悄地离开，然后突然想到，我一天中的这些时刻，无数妇女在别的房间里也是如此度过的，我们拥有一个共同的文本。我想知道她们是否像我一样热爱这份苦差事，是否像我一样，在逐一删除清单上要做的事情时感到快乐，这份清单简洁如下：

---

1 艾瑞·卡尔的经典绘本。
2 乐队 Radiohead 的著名歌曲。

送孩子上学

拖地

用吸尘器打扫楼上房间

泵奶

倒垃圾

洗碗

洗衣服

打扫卫生间

牛奶 / 菠菜 / 鸡肉 / 粥

接孩子放学

银行 + 游乐场

晚餐

给他们洗澡

哄睡

  我把我的清单和手机放在一起,每次我从清单上勾销一项任务时,都会获得一种深深的满足感。

  在这样的抹除中藏着愉悦。无论我在家务事上付出多少力气,我麾下的每一个房间都会很快再次陷入狼藉,仿佛一只无形的手已经开始为我谋划还未写下的未来每一天的待办事项清单:还要整理,还要吸地,还要清扫,还要擦拭、拖地和抛光。我丈夫在家时,我俩分担家务,但我独自一人时,我便包揽一切。我没有告诉他,其实我更喜欢自己做事。我喜欢掌控的感觉。虽然我的清单上有这么多家务事，虽然我全心全意地劳动，房子看起来还是和其他任何一个有小孩子的家一样，欢快地散乱着，没有更干净，也没有更脏。

这天早晨，我只划掉了送孩子上学的任务，这项工作包括叫醒孩子们，给他们穿衣、洗脸、吃早餐、清理餐桌、寻找鞋帽外套、刷牙，好几次大喊"穿鞋子"，装午餐盒，检查书包，再一次喊穿鞋，然后，最后一步，步行送孩子去上学再回来。回到家后，我只把洗碗机装了一半，帮儿子做了一半拼图，地板也没有拖完——暂无事项能从我的待办清单上删除。我牢牢抓住我的清单，因为正是它日复一日牵着我的手度过，把时间分割成一串小小的、可以实现的任务模块。在一张长长的清单结束时，当我再次被我熟睡的丈夫揽入怀中，这份文本已经变成了一连串的涂鸦，我心满意足地审视着这种抹除，因为这种手写文件的逐渐抹去使我感到从时间中获得了一些价值。这份清单既是我的地图，也是我的指南针。

今天我感觉有些来不及了，所以我迅速浏览今天的清单，搞清楚要做什么，然后启动洗碗机，在"洗碗机"这个词上画一条横线。我笑着帮学步期的孩子找到他丢失的拼图块，在他完成拼图时为他鼓掌，最后求助于电视遥控器。我不用在他看《海底小纵队》[1]时紧紧搂住他。我也不会和他一起坐在沙发上，闭上我疲惫的眼睛小憩十分钟。我要做的是赶紧去厨房，把地拖完，清空垃圾桶，然后兴致勃勃地把这些任务从我的清单上划掉。

我在水槽边清洗我的手、指甲和手腕，清洗两遍。我从蒸汽消毒器中拎出一截截漏斗和过滤器，组装我的泵乳器。这种仪器并不便宜，而因为我不再拥有一份有酬劳的工作，所以我买的是二手货。它的广告挂在网上，几乎和通常被认为是欧内斯特·海明威写的婴儿鞋故事[2]一样凄美——

购入价209欧元，现售45欧元，可议价。
使用过一次。

连续数月，每日清晨，我和这台仪器都举行一个小型仪式，为陌生人的婴儿积攒乳汁。我解开乳罩，用泵乳器的喇叭罩罩住我的乳房。总是右乳，因为我的左乳是个懒虫：产后一个月，它已经彻底懈怠，所以全靠我的右乳喂养婴儿和仪器。我按下开关键，在它别扭地吸拉我的乳头

---

[1] BBC少儿频道热播的海洋探险动画片。
[2] 这是指一则著名的六词超短篇故事："For sale: Baby shoes, never worn."（待售：婴儿鞋，从未穿过。）这个故事用极其简明的形式展现了强大的叙事能力，非常具有影响力。

时龇牙咧嘴，稍事调整，然后扭动表盘，控制机器吸拉我的乳房时的强度。起初，仪器短促有力地抽拉着，模仿婴儿快速吸吮的动作，直到它认为奶水已经涌出。一两分钟后，泵乳器的节奏逐渐平稳：长长的抽拉，释放，重复。乳头处仿佛经历了连续轻微的静电冲击，也像奇怪的刺痛发麻。与亲喂不同的是，这个过程总是刺痛的，从来都不愉快，但不适感尚可以忍受。最终，乳汁在仪器的刺激下苏醒，从我腋下的某个地方释放自己。一滴乳汁从乳头滴落，就会被迅速吸进机器，然后是又一滴，再一滴，直到瓶底聚集了薄薄的一层奶液。这时我不必再盯着看了。

也有时候，我早上起来就感到特别疲累，我可能会神游一会儿，要么翻一翻从图书馆借来的书，读个十来分钟。这一天，和平常很多时候一样，我拿起我那本邋里邋遢的《致阿特·奥劳赫尔的挽歌》[1]（*Caoineadh Airt Uí Laoghaire*）的影印本，让另一个女人的声音在我的喉咙里萦绕一阵子。我就这样填补我一天中仅有的一点寂静，把她的声音调大，伴随着我的泵乳器的喘鸣声，直到我再听不见任何其他声音。在书页的空白处，我用铅笔写下与过去的许多版本的自己的对话，它记录了我的思想变化，其中每个问号都在询问《挽歌》的作者的生活，但从未过问我自己的生活。数分钟后，我回过神来，泵乳器里已盛满

---

[1] 后文简称《挽歌》。

了奶白色的温暖液体。

我们初次相遇时,我还是个孩子,而她已经死了好几个世纪了。

你看:十一岁的我是一个数学和体育都很糟糕的女孩,一个喜欢盯着窗外看的女孩,一个唯一真正的天赋在于神游的女孩。老师叫了我的名字,将我的思绪拉回那个不结实的活动房教室。她的声音让人觉得这是1773年的一个晴天,英国士兵们蹲守在伏击地。我想象水沟里的水浸透了他们的膝盖。他们的火枪对准一个正从马鞍上翻滚下来的年轻人,是极慢的慢动作。一个女人骑马而来,跪在他旁边,她用古老的气息和发音惯念诵老师所说的"挽歌",一种对死者的热切哀悼,声音越来越高亢。她的声音产生了强烈的回声,那声响足以传递给一个遥远的指甲被咬得秃秃的褐发女孩。那就是我。

在教室里,老师给我们看了这个女人独自伫立的画面,刚巧一阵清风吹拂着她,吹乱了她的头发,她看上去面色红润。老师告诉我们,这就是艾琳·杜布·尼康奈尔(Eibhlín Dubh Ní Chonaill)[1],是爱尔兰旧秩序最后的贵族

---

[1] 在爱尔兰姓名中,Ní(尼)和 Ó(奥)均表示"……之后裔",一般前者用于女性姓名,后者用于男性姓名。

妇女之一。她的故事听上去的确很悲伤，但也有点沉闷。学校作业。真无聊。我的目光已经随着乌鸦飞远了，脑海里又开始播放我最不喜欢的流行音乐，"而你交出了自己……"[1]无论我怎样努力驱赶它们，这些歌词就是盘旋不去。

当我再见她时，我已经不大记得我们的初遇了。十几岁的我对这首《挽歌》产生了一种少女式的迷恋，为诗句中悲惨的爱情而沉醉。每个少女都喜欢私奔的故事，当艾琳·杜布描写她与陌生人一见钟情、离家出走并私订终身，我爱上了她。当她找到被人谋杀的情人，然后喝下他的血时，我在书页的空白处画了一些被刺穿的心。

我当时还不明所以，但是，每当我脑海里浮现出这个女人匍匐着狂饮情人的血的画面时，我都感到身体里有什么东西炸开了，这让我想起每次我青春期的男友紧挨着我坐着，把他的嘴唇压在我的喉部时，我内心的那一点闪光。

我的作业被退回来了，上面有一个大红叉，更糟糕

---

1 U2乐队的歌曲《若即若离》(*With or Without You*)中的歌词："And you give yourself away…"

的是，老师写着字迹潦草的批语："别被你那过分丰富的想象力带跑了！"我对这些诗句的感受多么深刻，我知道我的答案一定没错，因此，我气愤地用力翻动着一页又一页，怒气冲冲地回到诗里。在回答"请描述诗人与阿特·奥劳赫尔的第一次邂逅"这个问题时，我写着："她跳上他的马，和他一起远走高飞了。"但后来，我困惑地发现老师是对的：这个画面在文中并不存在。如果不是诗里的，那么它来自哪儿呢？我可以很清楚地看到这个画面：艾琳·杜布的手臂环绕着她的爱人的腰，她的手指交织在他温暖的腹部，马蹄声响起，长长的发带在她身后流荡。也许对我的老师来说，这不是真的，但对我而言却千真万确。

如果说我小时候对这首诗的理解是幼稚的，而我青春期对它的阐释不过是一种迷恋，我对它的理解在成年之后又一次发生了转变。

我不再有课要上，不必再读教科书，也没有诗歌要学习，但我给自己安排了一门新课。为了让我丈夫一个人的收入能够养家糊口，我正在教自己用节俭的方式严谨地生活。我仔细阅读分类广告和超市折扣传单。我从陌生网友那里用很少的钱换取一捆婴儿衣物，再把我们自己的卖掉。我在旧货市场闲逛，为儿童玩具和楼梯安全挡门讨价还价。我只买打折的儿童汽车座椅。从这种节俭中可以学到坚韧不拔的精神，我很快就适应了这种精神。

我做母亲的最初几年时光，所有的疲劳、敬畏和焦躁，都发生在市中心贫民区的各种出租房里。虽然我在乡村长大，但我很喜欢这里：笑容可掬的邻居的露台和他们的花猫和小猎犬，我们大家的垃圾桶紧挨着并排陈列，黑夜里听到的愤怒或香艳的叫喊，以及周末派对和人们醉哄哄的快乐合唱。我们的水龙头总是滴水，小院子里有老鼠，夜晚城市中闪烁的霓虹让人看不到星星，但当我醒来喂我的第一个儿子，以及后来喂第二个儿子时，我可以拉开窗帘看到月亮盘踞在尖顶之间。在城市的那些房间里，我写了一首诗。又写了一首诗。我写了一整本书。如果在那些夜晚涌现的诗可以被认为是爱情诗的话，那么它们爱的是雨水和高山花，爱的是跟怀孕的身体有关的奇怪词汇，爱的是云彩和祖母。没有一首诗是用来赞美那位在我写作时睡在我身边的男人的，那个男人月光下的皮肤总是吸引我的嘴唇向他靠近。我对他的爱太庞大了，无法倾注在诗的小巧容器之中。我无法把它变成文字。至今不能。在他做梦的时候，我看着诗歌在黑暗中匆匆向我走来。这座城市点燃了我心里的某种东西，这种东西像囟门一样微弱地跳动着，像我一样，在幸福和疲惫之间战栗。

三年之中，我们已经搬了两回家，头条新闻还在报道租金上涨的消息。我们的房东总是在这样的报道中看到机会，谁能怨他们呢？我。每次我们被满不在乎地赶走时，我都怨他们。无论他们的介绍信多么光彩夺目，我都对再次被迫离开一个家感到不满。这回，我们又快要搬家了。我找了好几个星期，终于在附近一个租金较低的小镇找到了房子。我们又签了一份租约，把行李塞进后备箱，离开了这座城市。我并不想走。我开得很慢，我的肘部强行挤入我们的旧电视机和一袋玩具之间，费力地操控着车档，我带着孩子们合唱"有一天，五只小鸭子去游泳"[1]。我沿着陌生的道路找到了方向，"越过山丘，去遥远地方"，一边寻找主教镇和班顿的路标，以及马克鲁姆和布拉尼的路标，[2]一边唱着"鸭妈妈说，嘎嘎嘎……"直到发现基尔克雷的路标。

"基尔克雷"——"基尔克雷"——当我打开新家的门时，这个词在我脑海中反复出现，当我开始清除瓷砖上的污垢，对床垫上的陈旧血迹和精液渍一筹莫展时，它也反复出现。基尔克雷，基尔克雷，我把打包好的书、大衣、婴儿监视器、勺子、毛巾和纠缠在一起的手机充电器收拾出来，这个词困扰了我好几天，直到最后，我想起来了——是的！——在学校学过的那首诗中，基尔克雷不

---

1 经典儿歌《五只小鸭子》。
2 这些路标上的地名均为爱尔兰科克郡的小镇名。

就是诗人埋葬她爱人的那个墓园的名字吗？我皱起眉头，回忆起自己对那首诗的迷恋，如同想起那些被撕下来粘在我少年时代的墙上的干瘦摇滚明星的照片，他们让我找到了表达欲望的最初的词汇。每当我想到十儿岁的自己，我总是难受。那个女孩让我感到不舒服，她粗暴地展示她的欲望，她用修正液在书包上写写画画，然后背着它四处招摇，她在巷子里的涂鸦层上涂抹自己的标记，她从公共汽车的车窗里用挑逗的目光盯住街上的陌生人，她与他们的目光相遇，她看到自己的情欲在那里涌动。那个女孩在学校后面被抓到做违禁的事，受到要被开除的威胁。那个女孩被称作"荡妇""妓女""冷酷的婊子"。那个女孩被罚判"冷漠对待"[1]。那个女孩被惩罚，一次又一次被惩罚。那个满不在乎的女孩——我在这里，一边给孩子唱歌，一边在一个陌生人的厕所里擦洗陈年旧屎——她在哪里？

我来到学校的停车场接我的大儿子，来得早了些，于是我在一棵树下避雨。我的小儿子还在他的塑料车罩下酣睡，我忍不住欣赏他红彤彤的脸颊和我塞回他毯子底下的

---

[1] 社交隔离惩罚，有意将某人排除在群体活动之外，不与其交谈或作出回应，使其感到孤立无援。

有肉窝的肥肥手臂。看那边。水泥路边的灌木丛中飞舞着大黄蜂——如果我有一座自己的花园,我想,我会用低矮的三叶草和蜜蜂们钟爱的丑巴巴的杂草将它填满,我会跪下来为蜜蜂们服务。我越过它们向远处看,眺望那里的山丘,又想到了那个路标,我翻出了手机。《挽歌》的诗节比我记忆中的要多得多,有三十节,好像还要多一点。我阅读的时候,诗中的风景栩栩如生,它在我周围渐渐复苏,在雨水的滋润下活灵活现,我仿佛身临其境。在那棵被雨淋湿的树下,我读到了她的儿子们,"Conchubhar beag an cheana is Fear Ó Laoghaire, an leanbh"——我把它翻译成"我们可爱的小康楚巴尔和菲尔·奥劳赫尔那小宝宝"。我惊奇地发现,艾琳·杜布怀上了她的第三个孩子,就像当时的我一样。我以前阅读的时候,从未想过她竟会是一个母亲,或许我只是忽略了她的这重身份,因为母亲和欲望的碰撞并不符合青春期的我对她的期待。然而,当我粗糙的手指划过文本时,我几乎可以想象她在黑暗中哼唱摇篮曲。我从头至尾浏览了一遍这首诗,然后往回扫视,又读了一遍。这一次,我放慢了速度。

这首诗是从艾琳·杜布的视角展开的,她看见一个男人迈步穿越市场。他的名字叫阿特,他走过来时,她便爱上了他。他们私奔了,立即过上了只能用"富丽堂皇"来形容的生活:哦,富丽堂皇的卧室;哦,美味的饭菜;哦,高级时装;哦,在奢华的鸭绒中睡整整一早上。

作为阿特的妻子,她别无所求。我羡慕她的家,也好奇究竟要多少仆人才能维持这一切的运转,有多少像我一样隐形的女人在做她们的隐形的工作。艾琳将整首诗都献给了她的爱人,她的描述如此生动,乃至这诗文中的深爱和欲念还在战栗,至今仍令人悸动。然而,事实上,这首诗是在他被谋杀后创作的,这意味着每一行赞美都蒙上了悲伤的阴影。在他被杀之后,这样的梳理多么有力量,因为每一个细节都把他重新变回来,栩栩如生,穿着无可挑剔,帽子上别着闪闪发光的别针,以及"那套在国外缝制的上等定制服装"。她向我们展示了那个被人渴望的阿特,渴望他的不仅是她,还有其他人,包括城市里的贵妇人,她们——

> 总是
> 为你弯腰行礼。
> 她们能够清楚地看到
> 你会是个多好的床伴,
> 和你共用马鞍,
> 和你生儿育女。

尽管这对夫妇生活在爱尔兰《惩治法典》(Penal

Laws）[1]恐怖和残酷的制度下，她的丈夫却藐视一切。阿特有很多敌人，但对艾琳来说，他几乎是不可战胜的，直到有一天，"她来到我身边，你的马，/ 她的缰绳拖在鹅卵石上，/ 你的心上的血从脸颊流到马鞍上"。在这个可怕的时刻，艾琳既没有犹豫也没有向任何人寻求帮助。她径直跳上了那个湿漉漉的马鞍，让她丈夫的马儿把她带到他的遗体旁。在痛苦和悲伤中，她伏倒在他身上，恸哭着喝下他的血。即使在这样一个鲜血淋漓的恐怖时刻，欲望还在——她对着他的遗体嘶吼，命令他从死里复活，这样她就可以"在床上铺上鲜艳的毯子 / 和缀以美丽图案的棉被 / 让你挥汗如雨"。但阿特已经死了，她创作的文本最终成为不断延展的赞美、悲伤、欲望和回忆的记录。

在悲痛的黑暗中，愤怒如同撒旦的火柴擦燃起火。她诅咒那个下令谋杀阿特的人："莫里斯，你这个王八蛋；/ 我希望你受尽痛苦！/ 愿你的心脏和肝脏喷出恶血！/ 你长青光眼！/ 你的膝盖齐齐粉碎！"这怒火燃烧，消散，再次燃烧，因为这是一首由愤怒和欲念的双重火焰点燃的诗。艾琳仇恨所有背叛阿特的人，包括她的亲姐夫，"那个说大话的小丑"。愤怒。愤怒和痛苦。愤怒、痛

---

[1] 爱尔兰的《惩治法典》主要是十七世纪末至十八世纪初由英国国王及议会通过法案实施的严格法规和限制，其主要目的是加强当时英国对爱尔兰的控制，确保英国国教会的主导地位，并削弱爱尔兰天主教徒在政治、社会和经济方面的影响力。

苦和爱。她为她的两个幼子感到绝望,"第三个还在我身体里,/我担心他将永远无法呼吸"。这女人失去了太多。还将失去多少。她痛苦极了,就像这首诗本身一样;这痛楚的文本。它太痛了。放学铃声响了,我的儿子在雨中找到了我,我转过脸望向艾琳·杜布曾经居住过的那片山。

那天夜里,孩子在我腹中蠕动,使我无论如何都无法安眠,我摸索到手机。我熟睡的丈夫本能地将我揽入怀中;尽管他鼾声如雷,我能感到他顶住我背部的某个地方变硬了。我皱起眉头,一动不动,直到确定他已经入睡,再悄悄地挪开。我对自己轻声念诵起那首诗,那声音经过数百年,从她怀孕的身体传递到了我怀孕的身体。当其他人都进入梦乡时,我的眼睛在黑暗里睁开。

———

当我终于睡着,另一个母亲正在醒来。她感觉到有一张嘴紧贴着她的乳房,她紧紧抓牢,把自己拎起来,舒展身体,然后张开她的翅膀,那翅膀像歌剧中的斗篷一样光滑。她抖动身体,准备从多年前人类梦想、绘制和建造的石头建筑上起飞,一只婴儿紧紧抓住她的皮毛。很快,她行动了,纵身一跃,翱翔,俯冲,下坠,吞噬她在峡湾的湖面找到的每一只水栖蠓,而她的婴儿紧紧抓住她,仍然在吮吸,对母亲的飞行毫无察觉。看一只飞行中的蝙蝠,就是去体会黑暗中颠倒而倾斜的银纹多角蛱蝶一般的幽灵在视野边缘闪现。复杂的回声定位系统使她能够在夜间巡航，那些与她的声音相呼应的回声引导着她。

———

　　时间月复一月地过去，毫无新意。购物单、孕吐、复活节彩蛋、用吸尘器除尘、电费账单在其中迅疾地闪过。我日渐丰润，直到七月的某个好似打了吗啡的妙哉的日子里，我的第三个儿子从我的腹中来到我的胸前，令我再次回到疲惫的夜间哺乳之中。在那些由纸尿裤上的"黄金"占据的日子里，当为了满足他人的需求，一切都在错乱轨道上疯狂旋转的时候，只有《挽歌》的诗行始终如一。

　　我坠入那些无尽旋转的日子，从自己身上偷走了一样特别珍贵而特别模糊的东西，失去它，我就不再是我自己了。那就是欲望。分娩后，我身上的每一丝欲念都彻底寂灭，使我感到彻底空虚。我的身体为了满足它对亲密关系的需求，为另一个小小的身体服务，也感受它的服务。我仍然经历着强烈的生理冲动，但它们与性事无关。现在，我受乳汁支配，它是一片汹涌澎湃的海洋，依其潮汐的规律涌动和撕扯着。

　　性事成了一个问题。太疼了。分娩后的数月里，我仿佛感到身体里的某扇门轰然关闭。我的全部人生追求只是拖拽着我和我的疲惫度过艰难的白昼时光，直到黑暗最终将我领向床铺，带我进入又一个睡眠破碎之夜。欲望如此迅速地离开了我，它像一摊水归还给天空一样迅速蒸发而无影踪。我不再是我自己了。我成了一件肥大破旧的毛衣，我的接缝线都磨损破毁，但这件衣物如此舒适、柔软和令人自在，使我只想永远陷在它的温柔里面。没错，我已经筋疲力尽，但我大部分时间都感到满足。然而，我发现这种种禁欲对我深爱的男人来说太可怕了。尽管我的丈夫坚称一切都好，他乐意耐心地等待这阵疲惫过去，直到我重新渴望他。但我发现自己不能接受这份温柔的礼物。于是，我撒了谎。我把欲望变成了又一项需要忍受的繁重任务，一项悄悄盘旋在我的清单底部的隐形事项。每次我勉强自己完成这些动作时，我选择的既是真正的强迫——因为推开那扇紧闭的门对我来说格外痛苦，也是情感上的强迫，因为他是个好人，而我却在刻意欺骗他。至于性事，它一直疼痛难忍，疼得我需要咬住拇指和食指之间的可怜的皮肤。牙印消退后的好几天，皮肤上仍有淤血的痕迹。我说服自己，如果忍受这样的痛苦可以为另一个人带来快乐，也是很不错的。直到现在我才意识到我把他的身体当作我负责的清单上的又一事项，而我这么做并没有征得他的同意。我为自己的失败感到非常羞愧——我不诚实，我的身体也不诚实——我于是开始尝试掩盖这灾难。我提前睡下。我找一些借口。我睡在床沿。我在枕头底下藏一本《挽歌》，每当我从梦中惊醒，起来喂孩子时，艾琳·杜布的句子就会冲破疲惫的迷雾走向我。她的生活和欲望距离我的生活和欲望如此遥远，但我却感觉她如此亲近。不久之后，这首诗开始渗透我的生活。我的好奇心越来越强，直到它把我送出家门，走向那些真正可以帮助我的房间。

瞧：这是一个星期二的早晨，保安穿着皱巴巴的蓝色制服，他刚打开门，站在一旁欠了欠身，因为我来了。我随意盘了一个简单的发髻，穿着一件沾了乳汁的上衣，怀中的吊兜装着婴儿，我还推着一个坐在婴儿车里的幼儿，装纸尿裤的袋里的书溢出来，我眼里散发着只能说是危险的光芒。我知道，在尖叫声开始之前，我最多只有六分钟的时间，所以我解开婴儿车的扣子，快一点，再快一点，催促孩子上楼。"不要停。"

我偷偷看了一眼吊兜里微微颤动的小小的眼皮，把学步期的孩子重重放在我的脚边，然后，我一边四下寻找曾经责备过我的图书管理员，一边把一个被禁止的香蕉塞进孩子的小手里。"求你了，"我低声说，"求你了，坐着别动，妈妈只是要——只是——？"我从装纸尿裤的袋子里拽出一张皱巴巴的清单，我的指尖在书脊上滑动。就两分钟，我想，就两分钟。吊兜在蠕动，婴儿的屁股崩出一个爆破音。我笑了（我怎么能不笑呢？），从书架上拽下最后两本书。我一边笑着亲吻学步期的孩子的头发，一边从侧面拎起我的东西，一步一步缓慢地走下楼梯，一只黏糊糊的握过香蕉的手牵着我的手，一股非常熟悉的味道从吊兜里散发出来。

与我处境相仿的女人就是这样去寻找艾琳·杜布的每一个译本的。译本有很多版本，需要多次像这样寻访图书馆。翻译这首诗的人如此多，使它几乎像是一种成人仪式，或者说是一首由不同人士演唱的心爱的老歌。我发现许多译本都是干巴巴的——用力过度的乏味文本，找不到艾琳·杜布在其中跳动的脉搏，然而有些译本确实不错。很少有人能够令人满意地译出她的声音。而关于她的更多情况的补充介绍是如此稀缺，使我太好奇。不仅是好奇，我被疑问的饥饿感驱使着，我渴望知道更多关于她的故事，包括创作这首诗之前和之后的事。我想知道她是谁，她来自哪里，以及后来发生了什么。我想知道她的子孙后来怎样了。我想知道她具体埋葬在何处，这样我就可以去她的墓前献花。我想了解她，了解她的生活，而我又懒，所以我希望有现成的答案，最好是在图书馆的某本书里，轻松地摆在我面前。然而，我所得到的文献大多对解决这种边边角角的好奇心不感兴趣。我仍在寻找，因为我相信某个地方一定存在着某个文本，与我分享着同样的好奇。

当我穷尽所有的公共图书馆资源之后,我开始向大学里的朋友们求助,用假证件溜进图书馆,偷偷复印各种历史资料、翻译材料和期刊文章,每一份资料都为我脑海中艾琳·杜布的逐渐丰满的画像添上一两笔。我用这些资料为我珍藏的信息库增加新的词汇,把这些复印件塞在床垫下面、车里面和泵乳器旁边。母乳和文本这两样东西倾注入我的时间,数周变成数月,数月变成数年。我为自己创造了一种生活,在其中,我每次坐下来的时候,这生活就会发出跟母乳有关的苍白音节,与此同时,我从墨水中啜饮我自己的黑暗养料。

2. 液体的回响

> go ngeobhainn é im' thaobh dheas
> nó i mbinn mo léine,
> is go léigfinn cead slé' leat
>
> 我当时就该让它射进我的身体右侧，
> 或者射进我的上衣褶皱里，哪里都行，
> 任何地方，只要能让你自由驰骋
>
> ——艾琳·杜布·尼康奈尔

我要撑过混乱的早晨，这些早晨要用来洗衣服、准备午餐和接种疫苗，我随时盼候下一次吸奶的时间，因为这是我最接近休息放松的时刻。当我被束缚在贪婪的泵乳器上时，坐下来阅读可以让我将我的清单抛诸脑后，漫步在艾琳·杜布打开的门里的世界。在这种时刻，阅读使某个奇怪的等式得以平衡——坐下来，交出一点点的自己，这总是让人心情愉悦，尤其是当我也能同时汲取一点她的生命养分的时候。一旦容器中的液体存够了，我就会关掉泵乳器，标记我读到的页码，然后叹口气，再次投入劳作当中。我把泵乳器拎到工作台上，拍拍容器，直到将最后一滴乳汁也拍入无菌瓶里。我旋紧瓶盖，然后手写标签：黛瑞安·尼格利弗 -03/10/2012-250 毫升。

我最早是通过一个母婴团体听说母乳银行的。我在网上搜索时读到早产儿的胃很小，很脆弱，接触配方奶可能会导致坏死性小肠结肠炎或心血管衰竭等脏器问题。有时，我读到，早产的创伤会减少母亲的乳汁产量，使她只有很少一点母乳，甚至没有母乳可以喂养婴儿。如果不跟母乳银行接触，是不可能读到这些恐怖的信息的。在我的生活中，必要例行公事的过分讲究变得非常重要：消毒器、肥皂水和蒸煮灭菌，擦洗干净的皮肤，洗净的机器。我知道我的乳汁很快就会给早产儿和生病的婴儿吃，所以我总是特别小心地保持最佳状态，在冰箱里先冷却每一瓶奶，然后再将其冷冻。

现在，我检查我的冰柜温度计的读数，仔细记下数字，填入表格，然后把刚冷却的瓶子和八个相同的蓝冰砖块一起放入冰柜里，这礼拜的产量不错。每天早上的某个时段，我的厨房很像一个实验室——这里是温度计，这里是正在喷出蒸汽的消毒器，这里是我的泵乳器的零部件，这里，有个疲惫的女人，这里，是一排无菌容器。在这里，每一天都一模一样。

一旦冰箱塞得满满当当，连一袋豌豆都没法正常塞进去的时候，我就给欧文斯敦[1]的母乳银行打电话，他们会送来一只超大的聚苯乙烯泡沫箱，邮递员得双臂环抱才能抱得住。我尽量多塞些瓶子进去，在表格上签字，用胶带封箱，再在盖子上缠上厚厚的棕色胶带。一次。两次。这一回，须给孩子穿上带风帽的厚夹克，吻他，把他放入婴儿车，系好安全带，给他泰迪熊作安抚。必须将他哥哥的注意力从得宝积木上引开，拉好他的外套拉链，用棒棒糖贿赂他进城。这个盒子巨大而笨重，我只能将它放在婴儿车的把手上，用下巴和手肘笨拙地维持它的平衡，同时还要费劲握住孩子的手。我花了二十分钟才走完去邮局的十分钟路程。这场磨难让我在排队时气急败坏，我决定下次一定让我丈夫来寄这个箱子。

在柜台前，我发现玻璃后面是我最喜欢的邮递员。我越来越喜欢他那一头毛茸茸的灰发，他那副古怪的眼镜，他那尼古丁般迷人的微笑，以及他总是叫我"亲爱的"。他走到侧门，在包裹上贴上标签——"特快专递，次日送达"。他递给我一张报销邮资的收据，这是这些交易中唯一涉及的金钱交换。

我不可能亲自给遥远的婴儿哺乳，那个即将吞下我的乳汁的孩子，我也不能紧紧搂住他温暖的躯体，但我知道我的乳汁将如何抵达。我在网上搜索了弗马纳郡的欧

---

[1] 北爱尔兰的一个小镇。

文斯敦，想看看这个村庄的漂亮公园、三所学校、一个叫"内卡恩军队"的酒吧和一个叫"九十年代乔"的薯条店。在一小块整洁的台阶上，在时装店和美发店之间，有一个低调的标志表明这里是国家医疗卫生局的西部信托人乳银行。这里每年向全岛新生儿重症监护室输送无数升经过消毒和巴氏灭菌处理的人乳，我的母乳将为之做出微薄的贡献：一阵液体的回响。

为了帮助困境中的家庭，我捐出我的乳汁，是啊，这是因同情产生的冲动，但估计还有其他原因：一种不成熟的、西方化的因果轮回的观念。在某种程度上，我相信我对别人的帮助越大，我就能为我刚搭建起来的家庭获得越多的保护。除了这种简单的因果轮回观念，以及我对想象中的婴儿和想象中的他们家庭的同情，还潜藏着其他东西：一种尽在掌控的幻觉。在我的生活中，我不能奢求掌控的东西太多了。

我无法掌控每一夜破碎的睡眠。我无法掌控闭上眼睛时脑海中反复出现的恐怖画面——脑膜炎、昏迷、汽车驶入海里、房屋起火、恋童癖，这些事在我脑海里循环。我无法掌控我们房东的心血来潮，他会不会出于贪财，在哪个时候让我们再次搬家？我无法保证我的孩子有机会在当地小学入学，该校的招生政策（和大多数爱尔兰学校一样）要求天主教会成员家庭。然而，我可以控制生产母乳的仪式：消毒瓶子，按正确的次序排列泵乳器的部件，艰苦而必要的记录，我选择的每一个程序都要仔细和正确地执行。

我每天都为这张保单做出贡献，每个月都会收到一张纸条，这是一张折成四折的A4纸，上面装饰着剪贴画，里面是一些手写的匿名婴儿的详细信息，他们接受过我上次寄出的母乳的喂养：在母亲分娩后出现并发症的双胞胎，一个患有坏死性小肠结肠炎的小女孩，还有一个在克拉姆林[1]接受心脏手术后康复的婴儿。在卡片内部，总是用透明胶带粘着硬币，正好抵上我的邮资。当我把它们塞进我的钱包时，它们残留的黏性使它们总粘在各种东西上，所以每次我把硬币递给奥乐齐超市的收银员或鱼货摊的小贩时，我都会想起，某个地方的某个生病的小婴儿正吃着我的乳汁。我已经把自己变成了一个奶妈，我与陌生人的婴儿之间靠泵乳器、小型发动机和距离维持着联系。

我的时间被母乳、洗衣和洗碗的劳动填满，被童谣和睡前故事填满，被杂货袋、有凹痕的罐子、生日聚会、宿醉和账单填满。我自欺欺人地从我的生活里找到许多琐细的快乐：铺上干净的床单时恰好对齐缝线，在我丈夫的怀里笑得喘不过气，从分类折扣广告中购买一架可以播放音乐的花园滑梯（就为了其中的一首歌），沙滩上的野餐，三个小脑袋被洗得头发闪闪发光，一个又一个购物清

---

[1] 爱尔兰都柏林南部郊区地名，此处有爱尔兰最大的儿科医院。

单——划掉，划掉，划掉——这些我微不足道的胜利。

每天我都在与无序和混乱做斗争，整理四散的玩具和肘部全是泥巴的连帽衫，清扫每一块掉落的意大利面和每一块脱落的面包皮，擦洗污渍和餐具，直到这些在房间里穿梭的力量化于无痕。每一个小时都会照旧回到混乱。我打扫。我清洗。我整理。我是许多人中的一员，我的劳作的日子没有尽头。任何一个成天围绕家务活转的人都知道在这种劳动中怎样找到满足感，那就是去定义和罗列组成这些混乱的众多部分，每一个组成部分都通过一套定义明确的熟练动作轻松完成。在这样的忘我之中，可以找到一种奇特的满足感，将自己纳入他人的需求：对我来说，快乐就藏在这样的抹除当中。我让自己忙着追赶清单，乃至从来不需要看向我匆匆穿梭其中的房间以外的任何地方。当孩子给我以抱歉的笑容，一团黏糊糊的香草冰淇淋掉落到地毯上渗了进去，我跑去拿抹布。孩子夜间发烧，我从睡眠中惊醒，急忙去拿温度计和药品。当我的孩子们走到别处玩耍，我全力冲刺捞起他们的积木。我从不审视匆忙擦拭的镜子里反照出的脸。我打扫的时候，我的劳动是不被看见的。如果每一天都是一页杂乱无章的书页，我则用无数时间去擦拭它上面的字母。就此而言，我的劳动是对存在的一种删除。

我的第三个儿子开始走路，开始说话，而我继续在我的时间里冲刺，抱着他给他唱歌，同时分心管理一堆脏衣物，打印新的诗歌，清理橱柜，亲吻他哥哥被撞的头。母乳银行更偏好由小婴儿的母亲进行捐赠，所以我慢慢减少了在泵乳器旁的时间，直到寄出我的最后一箱乳汁。划掉。

一旦我的乳房减轻了负担，我内心的发条就会回到它的正常配置，带来我没有想到的荷尔蒙转折。欲望回来了，砰的一声打开了门。欲望使我跪在地上，使我颤抖和乞求，使我在黑暗中爬行和喘息。欲望让我匍匐在床和桌子上，像动物一样，悸动，潮湿。每次我高潮的时候，我都会流泪。我想念它，欲望，幸福而平凡的欲望。我不记得我何时感到过如此解脱，或如此快乐。

很快，房东就说有个亲戚需要住处，于是用又一封漂亮的推荐信把我们送上路。我立即着手寻找我们多年来的第五个家。我们搬走几个星期后，一位朋友在网上看到了我们前一所房子的广告，租金要高得多。我不在乎了。我发现自己又怀孕了，欢天喜地地打扫、粉刷和整理。我无法想象，有四个六岁以下的孩子，我怎么会有时间刷牙、读从前的诗或喝晨茶，更不用说给陌生人的婴儿捐奶了。有两次，我提起我的泵乳器全套装备，考虑把它送人。

两次我都又把它放了回去。以防万一。

在怀孕的过程中，妇女以一种平凡到无法察觉的无私奉献精神贡献自己的身体。她的身体本能地与利他主义联系在一起，就像饥饿一样的一种本能。例如，如果她不能摄取足够的钙质，她骨骼中的钙质就会自行献给她的胎儿，使她自身处于缺钙状态。有时，一个女性的身体通过自我行窃来为另一个人服务。

3. 到别处呼吸

chuiris parlús á ghealadh dhom
因为你为我准备了一间闪亮的客厅
——艾琳·杜布·尼康奈尔

  身体里蕴藏着许多看不见的东西。《挽歌》在被抄录和翻译之前,一直保存在民间口头传说里,回荡在一些女性的身体中,从女性的嘴到女性的耳朵,经年累月。创作出来数十年后,它再次通过身体得到转移,这次是从口中转移到手上,再到纸上,最终进入文学典籍。在彼得·列维[1]任职牛津大学诗歌教授的演说中,他称赞这首诗是"整个十八世纪在这些岛屿上写就的最伟大的诗"。这首诗究竟为何能够唤起如此热情的评价和深厚的崇拜?

---

[1] 彼得·列维（Peter Levi, 1931—2000）,英国诗人、考古学家、耶稣会牧师、旅行作家、传记作者和评论家,曾任牛津大学诗歌教授。

我知道我应该感谢为艾琳·杜布的作品付出时间的许多位翻译家和学者——如果没有他们的关注，我可能永远不会发现她的文字——但我私心却对他们颇为鄙薄，讨厌他们糟糕的翻译。在了解过每一个版本之后，我不仅确信没有人像我一样对她倾心，而且我发现自己也想参与歌唱。我知道我没有资格尝试亲自翻译——我没有博士学位，没有教授资格，根本没有许可证书——我只是一个热爱这首诗的女人。然而，翻译任务本身对我来说并不陌生，这不仅是因为我曾翻译过自己的诗，还因为这个过程非常近似于家务劳动。在意大利语中，"诗节"（stanza）这个词的意思是"房间"。如果我偶尔感到自己能力不逮，被那些比我先走过这些房间的人的专业性所吓倒，我就安慰自己说，我只是在操持家务，这种想法让我情绪稳定，因为，我知道，打理房间是一种我可以像任何人一样胜任的劳动。

晚餐后，在孩子们睡觉前的短暂间隙，我的丈夫收拾桌子，而我则冲上楼去，三步并作两步登上楼梯，把家抛在后面，以便让自己进入一个陌生人的"家"里。我迅速打开我的笔记本电脑，敲击着文档，艾琳·杜布的文字在其中等待，我匆匆穿过新的诗节的大门，测量家具和地毯，用拇指和手指感受织物的质地，测试其重量。然后我开始复制。如果我想营造她的在场，我必须首先为她打造一个合适的家，建造和布置一个又一个精致的房间，其中每一面镜子都能捕捉到她的身影。

　　我写完第一节,就退后一步,欣赏我幻化出来的"房间"。哪怕我尽了最大的努力,但门还是关不上,地板也很不平整,如果读者光着脚进去,可能会被刺伤。不管怎么说,第一节已经完成。还剩下三十五节。我的翻译继续下去:它远非完美无缺,但它是我的。我在评估第一节不完美的诗句时,感到很有信心,我不会后悔承担这项工作。第二天晚上,我翻开第二节,当我看到开头的短语"Is domhsa nárbh aithreach"(我从未后悔这一切)时,我把它视为一个好兆头。这首诗发展成一个清单,详细说明阿特如何为艾琳·杜布准备了一个婚后的家:

> 因为你为我准备了一间闪亮的客厅,
> 为我准备了一间明亮的卧室,
> 准备了炉子为我取暖,
> 丰满的面包为我鼓起,
> 为我在烤架上翻动的烤肉,
> 为我宰杀的牛,
> 鸭绒被子裹起来的梦乡,直到中午,
> 如果我愿意的话,
> 甚至睡至午后。

　　我翻译这首诗时,其中的每一句都让我觉得自己在模仿几个世纪前的家务劳动，将鸭绒塞进被套，刷墙，揉搓面团。数月以来，我有条不紊地工作，在同义词之间斟酌，缝合和重新缝合窗帘的缝隙，直到它们刚好及地。我的眼睛在动词之间逡巡，整理地毯，擦亮每个修饰语。我的翻译就像我的家务一样，尽管我很投入，结果往往并不完美。我忘了清扫椅子底下，要么我花费数小时清洗窗户，却还是留下一些污迹。我经常忘记清理蜘蛛网。我经常跌倒。但我还是继续。这项工作为我带来许多美丽的诗句和扣人心弦的时光，让我有了意义感。然而，当我接近这首诗的结尾时，我感受到近似恐惧的东西。我不希望它结束。

我通过密切关注艾琳·杜布的语言，了解了她的说话方式，也只有这样我才能了解。这种有条不紊的理解需要深思熟虑，需要减慢阅读速度，还需要循环往复：倒回去，倒回去，一再地倒回去。我总是眉头紧锁，盯紧屏幕，与自己作战，试图准确领悟她的某句话，然后在另一种语言的限制下重新创作。撇开其他不谈，单单这种投入便允许我缓慢发展与诗人本人的亲密关系，发现她思想的特殊转折和她语言的脉搏。我很不情愿离开艾琳的房间，也不情愿将她的名字从我的清单上划去。即便在我的翻译已经完成之后，我还是经常回来探望她——在这里调整一下镜子的角度，在那里将一个空空的黄铜锁孔擦拭干净——然而尽管我对每一个音节和诗句都费尽苦心，尽管我自觉追求忠实，我完成的文本还是感觉轻飘飘的，就像我自己一样不稳当、有缺陷。我越来越喜欢我的翻译，但我知道，这种喜欢是源于熟悉和亲近的双重亲密关系，而不是艺术上的满足。我合上笔记本电脑，跑下楼向我丈夫哭诉，我的尝试和我一直抱怨的其他人的译本一样，都失败了。我的，和他们的一样，我们都没能接近她的声音的质地——或者至少，不像我期待的那样接近。他环抱着我。我的文档没有保存好她原来的声音，我认定它失败了——这失败不可避免，但总归是失败。

我努力接受这一事实，也对自己表示同情。我从翻译工作中获得了很多东西。首先，我了解到，在艾琳·杜布作品中，我最珍视的元素并不藏身于我花了许多时间去打理的任何一个"房间"。不，我最喜欢的元素徘徊在文本之外，藏匿于在诗节之间无法翻译的苍白空间，在那里，我感觉到女性的气息在楼梯上萦绕，不知为何，当人匆匆离开走到其他地方之后，那气息仍然存在。如果我在这个翻译中留下了一点自己的东西，留下的也只是当我关闭文档时离开我肺部的疲惫叹息。

4. 在挤奶房

Do bhuaileas go luath mo bhasa
is do bhaineas as na reathaibh
快一点，我拍着手，
快，快，我狂奔
——艾琳·杜布·尼康奈尔

家庭日历上面留有圆珠笔和铅笔的痕迹，来自同一个人的手笔——这是一部女性之书。一个月接着一个月的看诊预约、游泳课、半日游、家制糕点义卖、募捐、去图书馆还书、预产期、生日聚会和学校假期。划掉。划掉。划掉。每年十一月，我都会去超市挑选一本新的日历。到了一月，旧的那本将被放入堆叠起来的本子中：这些是我最甜蜜的岁月，用纸和墨水存档，用白色和黑色存档。

2012.

2013.

2014.

2015.

六月的一个星期二，早上7点46分，一根超声波传感器在我隆起的腹部上滑动。它磨磨蹭蹭，慢慢倒转。这根棍子动得越慢，我的脉搏就越快；随着我抬起头看到它移动得越来越缓慢，我的脉搏速度从慢跑开始飞奔。更慢。更慢。它停下来了。

当我从我的肚脐里舀出凝胶时，医疗顾问正在给妇幼医院打电话，商议何时能安排一次剖腹产手术。虽然只能听到这一方的谈话，我的强烈的恐惧感很快就开始填补空白。挂断电话后，她解释说，她在我的胎盘上看到了一些钙化现象，这些白色斑点表明出现了血管梗塞（或者说是中风）的情况。在这些地方，胎盘组织已经死亡，没有能力维系如今远比预期小得多的胎儿的生长，孩子正在愈发减少的羊水中挣扎着生存。一个孩子。我的孩子。

之后我发现自己很快就到了医院。我一定是开车来的，但我不记得这段路途了。一个护士拽下我的紧身裤，在我的臀部注射了类固醇，目的是加速婴儿肺部的发育。我被告知第二天接受剖腹产手术的抵达时间。他们说，一旦发现腹中宝宝有任何异常，任何，我都要直接从家里赶去——不要去等候室，不要在接待处检查，"直接跑过安检去助产士站"。"但他们会拦住我的。"我笑着说。我的笑没有换来笑的回应。

"不，他们不会的，他们会知道的。"

"我应该给他们看我的文件吗？"

"不用，他们看你的脸就会知道了。"

我颤抖着给我丈夫发短信，告诉他发生的事情，尽量让他放心，就像我让自己放心一样，就像我尽量让现在遥远距离之外的你放心一样。我写道："一切都好，宝宝也许明天就会出生。现在去商店买点东西。"然后我给我妈妈发短信："你能来照看孩子们吗？医生说宝宝可能很快就会出生。亲亲。"我发送的每条消息都是我从医院里得到的信息，并传达了一种印象，这印象使我能够在潘尼百货商店附近平安地闲逛十分钟，因为，如果我还在卡通拖鞋和连帽衫的货架之间漫步，我的手指闲适地拍打着一层层的羊毛、蕾丝和拉丝棉睡衣，就说明不会有什么真正糟糕的事情发生。我的手机发出哔哔声，回复着无字的点号、破折号和椭圆的笑脸。当我在货架间闲逛时，宝宝很安静，我想象它在我的散步带来的波动中打盹。

回到家，我告诉丈夫，可能只是小题大做，然后笑着把他推出门外，让他回到禁止通话的工厂里。他相信我；我相信我自己。我开始做我的家务。如果我在洗碗，一切都没问题。如果我正在从锅里铲出炒蛋，一切都没问题。我的朋友艾米打电话来，我试图劝慰她："对啊，我确实挺好的。"如果我正在阳光底下晾晒湿衣服，意味着一切都很好，不是吗？我在起居室里打扫卫生，身体力行地重复这些乏味的来来回回的劳作，就跟以往一样——如果一个人在打扫卫生，他们的生活肯定没有出什么岔子。我的表妹西尔莎发来短信："宝宝在动吗？"

我回答："现在没有，但一切正常。"笑脸。删除笑脸。一个一个地删除字母。我洗了澡，准备吹干我的头发，但是，当手机又在我的口袋里振动时，我心神不宁。又是西尔莎。

宝宝动了吗？

现在还没有，不过我们很好！刚洗完澡。亲亲

我有点担心。你什么时候过去？

一切都很好 :-)

给医生打电话！求你了！！

无论我怎样努力让自己听上去欢快轻松，她都抗拒我的说辞，她直接看穿了我，她对情况的解读开始让我感到不妙。我躺在沙发上吃可爱多甜筒冰淇淋，希望宝宝能在冰冷的冰淇淋的刺激下蠕动，像往常一样踢一踢以示抗议。什么动静也没有。我等待着，盯着长霉斑的天花板。还是什么都没有。一切好像霹雳罩向我，突然间我无法呼吸了。

宝宝不再动了。

宝宝已经停止了胎动。

我他妈的在做什么？

我的父母还没有来，所以我把三个孩子塞进车里——我会把他们交给艾米。我拿起我的待产包，把那本破旧的《挽歌》影印本也扔了进去，然后泪流满面地加速穿过住宅区，尽量不让孩子们看到我的脸。

一只小狗在街上闲逛。我刹住车，请几个路过的青少年抱住它一会儿。他们抓住它的脖圈，抚摸它柔软的头。真乖。一切都很好，一切都在控制之中。我加速了，然后我的每一块脊椎骨都感觉到车轮碾过了那只狗。在后视镜里，那些青少年匆忙地走向它瘫倒的身体，但我还在继续往前开。我还没有停下来。为什么我没有停下来？我的孩子们问："那是什么声音？""没什么。"我撒了谎。最大的孩子从后窗看出去，最小的孩子问："你会把狗狗也送去医院吗？"我说："我待会儿再来接它。""你怎么哭了？""没有啊，我很好。"我想象着车轮上狗的血迹。我想象着我的大脑一团烂糊。我的宝宝已经不动了。我的呼吸变得像锯齿般粗糙，我的喉咙很痛。我从车里抱出孩子们交给艾米，把他们的安全座椅拖出来，然后开往产科医院。独自一人的时候，我号啕大哭。

宝宝还是不动。我还能做点什么呢？我回到我们的住宅区，开了一圈，直到找到那群青少年。他们指给我看它主人的房子。我心里乱极了。宝宝还是不动，但"狗狗没事儿"，狗主人说，她指着一个篮子，篮子里的小狗用悲伤的眼神向我伸出爪子。我哭了。那个女人把我赶向医院。

眼前的高速公路迅速自动铺开,快到连毛毛雨都变得模糊而潦草。我来不及把车停正,立即下车奔跑起来,喘着粗气穿过走廊。我遇到的每个保安、每个护士和病人都靠边站。我很快就被挂上了一些机器,看着一个长长的纸卷在机器底下展开,刮出一个挣扎和坠落的故事。围绕着我的床铺的窗帘是脆弱的界限,虽然我听不清她们的谈话,但我猜测护士们在议论我,因为她们的女性声音的节奏里透露出关切。我想见到我的丈夫。我想见到他甚于任何其他人。我给他发短信时,我的手指在颤抖:"不要慌,我在医院。快来吧。"

几个小时过去了。没有动静。

然后,我感到孩子微弱地踢了一下。我的丈夫来的时候穿着摩托车裤,他的胳膊肘下夹着头盔。我看到他,难以言喻地松了一口气。"一切都好,"我说,"我处理好了,都在掌握之中。"

护士们为我准备当天的第一台剖腹产手术。许多人穿

上手术服进入房间，彼此急切地交谈着。麻醉师检查我的腿是否已经麻木。我的医生进来了，她很温和，让人放心，口罩卜的眼睛微笑着。一张床单在我们之间升起。我想象着我身体上的刀片，不由得为之战栗。然后，她把刀放了下去。她把我剖开。我的丈夫将他的嘴唇贴在我的手上，他注视着我。在床单之外，有许多拉扯的声音，突然我感觉到压力，仿佛是有什么东西抬了起来，然后是一种奇怪的轻盈。床单被放下来了。我看见婴儿从我的身体里冒出来。

我看见她，一个女孩，一个小小的女孩。

我被硬膜外麻醉、喜悦、兴奋和肾上腺素弄得晕头转向，乃至我忘了担心她现在极其瘦小。对我来说，她看上去很完美。她被立即地抱到远处房间尽头的恒温箱里，一群医生开始围着她忙碌起来。我慢慢意识到，烤肉和灼烧的气味来自我自己：那就是我的身体散发的味道。医疗顾问工作的时候还微笑着，告诉我她多么高兴她把我的女儿弄出来了，她说里面的情况比扫描时看到的要糟糕得多。我的孩子已经好几周没有长大了，胎盘和脐带都已经不起作用，如果再等下去，她就会变成死胎。我想不出能说什么可以回应的。我尽量微笑。我的女儿在这里，她还活着——我听到她在角落里低泣。

在术后病房，孩子抓着我的乳房，睁开了她的眼睛，她使劲儿吸吮。一位陌生的医生向我做了自我介绍，然后坚持要给她喝一瓶配方奶。我挤出笑容，拒绝了。"我的孩子当中没有谁喝配方奶，"我说，"而且反正她也没事，现在一切都很好。"医生变得冷漠而强硬：这不是建议，而是要求。我钙化的胎盘未能为婴儿提供足够的营养；这也是她的活动变慢的原因。医生现在怀疑她的血糖水平可能低得令人担忧；在饮用一定量的牛奶前后进行测试，可以让他们确认她的身体能否有效地处理糖分。没有办法测定我的乳房能产出多少乳汁，所以他们需要立即给她喂一瓶奶。我点点头，然后看着我的女儿在一个陌生人的怀里吃奶；我的孩子，在她的两片小嘴唇之间夹着一个塑料奶头。我笑这事是多么简单，又多么诡异。我的世界有点歪斜，超现实，但又特别正常——就像那些传统情景喜剧中的人物在睡觉前关上灯，突然间一切都发出蓝色的光芒。在这同一间术后病房，我和我的每一个刚出生的孩子都曾躺在这里，但这一次，这里散发出不一样的光。

检查结果让我们可以被一起推到病房，这是一桩小小的胜利。探视时间结束了，我丈夫亲吻我们俩，然后回家哄我们的儿子们睡觉。婴儿睡了又睡。她不愿意睁开眼睛，更别说吃奶了。我尝试了我记得的所有对付其他婴儿的招数：用湿棉球擦拭她的脸颊，在她的腹部吹气，挠痒痒。我哼着我给儿子们哼的那首曲子："我已经尽全力了，还不够，我已经尽全力了。"她仍然不肯醒来。

我惊慌起来，尽管我决心向那些企图把她从我身边带走的医生隐瞒我的恐惧。我坚持一切如常,且母乳喂养最终会稳定下来,他们对我的说法越来越气愤。他们希望把她放在一个可以持续监测她的血液的环境中。如果我可以用手挤出一定量的母乳,然后用注射器喂给她,他们将允许我们再相处几个小时,看她的血液测试结果会否改善。如果改善,他们会让她留在我身边。如果没有,那就太危险了。我想,也就是说,为了让她留在我身边,我必须通过的测试是挤母乳吗?简单得很。我让他们给我纸、笔和一些瓶子。我开始用手从我的乳房里一滴一滴地挤出亮黄色的初乳。我尽量记录夜间的喂养情况,以便向医生证明她吃得多么好——这些努力给我留下了如下人工制品,一个悲伤的、几乎无法辨认的、受我血液中遗留的吗啡影响而模糊不清的文本。

挤了5毫升。她睡着了。

又挤了一点。尝试用奶瓶,但她不肯醒。直接从乳房中挤出一些乳汁滴到她的嘴里,但又流了出来。换了连体衣。纸尿裤有点湿了

又添加一点初乳——泵了很多,但她牙关紧锁。如果她不肯吃,我怎么喂得进去呢?

我想我睡着了。反正眯了几分钟。又往她嘴里挤了几滴,但我感觉都溢出来了。什么都没喂进去

她睡得不安稳,吐了。换了连体衣。纸尿裤是

干的

为什么她总是不醒？？又尝试了用奶瓶。没法喂。

孩子正在哭，还是不喝奶瓶。问题出在哪儿？是她的问题还是我的问题？

向刚来的护士求助。她很快就把所有的奶都灌进了她的肚子里。她现在睡了。好累

宝宝刚刚吐了。都吐出来了。想喂她，但牙关紧闭。太糟了。换了连体衣和毯子，纸尿裤还是干的。

太担心了。护士说要尽快再叫醒她。

又挤了些奶。在她的嘴唇上挤了几滴，但她应该没吞下多少。她就是不醒。现在很害怕

给她拍嗝，又试着用奶瓶。失败了。给助产士打电话，没人接

哭个不停——她睡着了，纸尿裤完全是干的——很害怕，不知道怎么办

护士说她会和专科住院医生讨论。宝宝仍然在睡觉，什么都喂不了，喂不了

我没有给任何人看这一页记录。到了凌晨 3 点 15 分，我的喉咙又因为沮丧的哭泣而疼痛起来。我用手挤了一整瓶初乳，看着珍贵的乳汁从婴儿紧闭的唇边一滴一滴地滑落。我没办法让她吞咽。我现在很紧张，紧张而慌乱。一

位专科住院医生用针刺破我女儿的脚底,把它放在检验血液水平的电子监控器上,她皱起眉头。她的声音很平静,但在五分钟内,两名年轻医生就把我的孩子推走了。他们不允许我跟着她,要一直等到我身上的静脉注射和导管都拔掉了再说。

门关上了。

我已经输了。我的孩子从我身边被人带走,匆匆离去,到别处呼吸。我躺在那里,盯住墙壁。乳汁从我身上渗出,没人看到:乳白色床单上的暗淡文本。

————

我的房间位于我孩子所在病房的几层楼之上,但医院只是给她送去了我手工挤出来的随意剂量的母乳。我的房间里有一张海报,上面写着"母乳喂养最好",但护士却不让我使用他们的泵乳器。她温和地说:"只能用手挤。"我要征求其他人的意见,但是专科住院医生跟护士的意见一致:医院规定产后三天禁用泵乳器。当我问及原因,答案总是"医院规定"。我提高了我的音量。我咒骂他们。我告诉他们,如果我现在不挤奶,我的产奶量就会减少,等我们离开这个地方,我就没有奶水喂养我的孩子了。我说,如果他们拒绝,我就让我丈夫回家取我自己的泵乳器。我用拳头捶打我的双腿,我颤抖,咆哮,他们这才同意。

泵乳器被送来了,这个泵乳器与我见过的任何泵乳器都不相同。这是一个顶级型号,不是便携式的,而是用轮子推来的,然而当我按下开关键时,唱的还是一样的歌,老一套的吸/嘶、吸/嘶的合唱。只要这声音轻轻一响,我的乳房就开始淌出液体。我但愿我能说,这套动作让我感到安慰,但事实并非如此。我感到受骗和疲惫;我感到挫败。这么多的早晨,我为新生儿重症监护室里的孩子们挤奶,同情他们的母亲,而现如今我坐在这里,我自己的孩子不在我身边,我毫无用处地溢出液体:乳汁进入乳泵,尿液进入导管,还要对着纸巾打喷嚏和哭泣。护士们说:"情况原可能更糟糕。你就是那个差点没了孩子的妈妈吧?他们会在楼下照顾好她的。你不用担心。放轻松。休息吧。好姑娘。"当所有人都离开,门就轻轻地关上了。只有一个声音从未离开我的身边;艾琳·杜布和我在一起,像纸上的墨迹与纸一样紧密,像脉搏一样稳定。

我丈夫给我发了女儿在恒温箱里的照片,她只穿纸尿裤,身上布满电线和导管。这个孩子看起来不像我的任何其他孩子,她看起来像母乳银行宣传单上的一个婴儿。我盯着这些照片,害怕极了。

我一直不记得在悲伤的房间里怎样睡着,但每次我睡着后,都会被那些不属于我的婴儿的哭声吵醒。这些陌生人的婴儿整晚地哀号,整晚地哭泣,在无菌的黑夜中哭泣。每次我被又一个婴儿的哭声惊醒时，我都觉得我一直在同一个梦境之中，只是我始终记不起那是什么。一些东西，黑黑的，虚掩着的。每当我醒来时，我就会伸手去拿泵乳器吸奶，好像我有什么要证明。护士们穿过走廊，拿着剪贴板和小纸杯来到我的床边，每个纸杯都装了止痛药。哎，我说。一边用手肘把自己撑起来。哎。

当他们准备把我的点滴和导尿管撤走，我得证明我可以将尿液均匀地排入一个纸板桶。护士看了看我的尿液，点了点头。我感到很高兴。很快，一个护工带着轮椅来了，我把酸痛的身体沉入轮椅的架子里。他把我推下楼，往下，再往下，一直推到新生儿重症监护室。

当我终于坐在我女儿的恒温箱旁时，我才开始真正接受我们所经历的挫折。未经允许，我不得将她抱起来。我只能长时间从玻璃外看着她，为她的脊柱附近的绒毛、她的睫毛、她的小手、靠在她胳膊上的灰暗的脸颊而断断续续地流泪。我的身体在这样一个公共场所表达私密的恐惧，真是令人不知所措，但我还是这么做了，我让我的哭声与那些也被困在这个房间里的人的哭声一同此起彼伏。这是一个大合唱。我也加入其中。

新生儿重症监护室是一个极为宽敞的繁忙的房间，里面同时上演着许许多多不同的故事。如果一个人让自己疲惫的目光在那里停留哪怕片刻，就会发现自己是一些私密人类灾难的见证者，每一个灾难都在缓慢地内爆。每当我从恒温箱旁边抬起头来，这些事情的同时发生就会使我晕眩：这里，一群专科住院医生对着一张表格摇头，那里，隐隐约约有个女人在哭泣；这里，一个护士在加热一瓶奶，那里，另一个护士抱起一个婴儿，而他身后的管子却像蛛网一样升起；这里，一对父母在微笑，每人温暖的胸前怀抱双胞胎中的一个，那里，三个医生肩并肩穿过大门；这里，一个男人手肘垫在膝盖上，脸埋在两只手掌心，他的肩膀剧烈地耸动。他啜泣着。她啜泣着。我们都他妈的啜泣着。在他的椅子后面，还有三对夫妇坐在恒温箱旁，刷着他们的手机，而一个新晋妈妈一瘸一拐地走过，手中抹搓着免洗消毒凝胶。我们每时每刻都在忍耐和崩溃、战斗和哭泣，大笑和打盹，观察和被观察。我在这里对监视的感受很强烈，无论是真实的还是想象的。似乎每遇到一位专业人士，我都必须得通过一些没有名目的测试。我确信我在泵乳器的事情上发的脾气已经被记录在我的档案里了，所以现在我尽量有礼貌地微笑，设想我假装出来的精神正常程度和我们的女儿可能受到的待遇之间存在某种关联。我只想一把跪在医生面前求他们让我抱抱我的女儿，但我不能这样做。如果我们要带她回家，我必须既控制自己又把控制权交给他们。

在病房里，我被带到一个狭长窄小的房间，里面有冰冷的皮沙发、一个洗手池、一台冰箱、一台电视和一排泵乳器。护士称之为"挤奶房"。在门外，我发现了其他母亲：穿史努比睡衣的金发少女、戴珍珠耳环的教师、农民、吸烟的人，以及其他那些母亲。每隔两小时，我们就离开恒温箱的职守，把自己跟泵乳器连在一起，看下午重复播放的《东区人》[1]和《改造空间》[2]电视节目，讨论催乳药草的好处：燕麦、胡卢巴和蒲公英茶。我们在匆忙的耳语中传递着每一个刚听说的恐怖故事，由口传到耳，再传到口，再传到耳。我们讲述的故事就像疫苗，我们不自觉地抱着希望复述它们，期待能凭此保护我们自己的宝宝免遭相同的命运。这种冲动并没有什么逻辑可言，如同强加在我们的孩子身上的残酷现实一样莫名其妙。在这个房间里，我们笑的时候比哭的时候多，但我们都精疲力竭、心惊胆寒。一个女人戴着尼卡布[3]，我们其他人穿着睡衣和拖鞋，然后我们一同身处地狱。

这个区域是依据婴儿的病情严重程度来规划的。我女儿一开始被安排在 C 区，有的婴儿来这儿待几小时就能出院。我在 C 区的时候都期盼着将她带回产房，毕竟

---

[1] 1985 年首次播出的英国肥皂剧。该节目以伦敦东区的一个虚构街区阿尔伯特广场为背景，讲述这个社区中的居民的故事。这部电视剧被认为是英国电视剧的经典之一。
[2] 一档以室内设计和房屋改造为主题的爱尔兰电视节目，于 2007 年首播。在节目中，建筑师与参与者合作，依据参与者的需求重新设计和改造房屋。这档节目在爱尔兰非常受欢迎。
[3] 尼卡布（niqāb）是穆斯林女性遮盖面部的面纱，通常是黑色的，只露出眼睛部分。它是一种宗教文化符号，意在保护女性的贞洁、隐私和宗教尊严。尼卡布的使用也引发了一些关于宗教自由和女性权益的争议。

随时有可能获得这样的许可。当她被转移到 A 区的时候，我会幻想把她带回 C 区。医生们巡视时，会讨论她的最新血液检查结果，调整她的葡萄糖静脉滴注速度。我紧紧抓住丈夫的手。我们的宝宝太虚弱了，无论护士们多少次用小刀戳她的脚后跟，她都不哭。我期盼有一天能够在疲惫的欣喜中获准把她紧紧抱在怀里。当她因为那些检查流血时，我把嘴唇贴在她的脚后跟上，用我的嘴清理那些血滴，直到干干净净。

尽管她被留在 A 区，我仍然觉得幸运。她的内分泌问题较为复杂，但是与我在挤奶房里听到的故事相比，医生的治疗计划似乎简单许多。有些日子很灰暗，医生会摇着头谈报告结果。而有时候，我们还是确信，不管怎么样，总有一天我们会离开新生儿重症监护室。当她状况好一些时，我会用母乳亲喂，但是当她虚弱时，我的母乳会通过管子、注射器或者奶瓶送到她口中。我每隔几个小时就会去挤奶房，不仅是为了保持一定量的母乳的供应，也是因为这是我唯一能做的感觉有用的事情。每当我的乳房开始刺痛，我就会带上我的书，趿着拖鞋回到那个逼仄的房间。在那里，我像在家时那样，一边吸奶一边阅读，有时候恍如一切正常。我把我的奶瓶装入冰箱，和母乳银行送来的奶放在一起，瓶身上有整洁的手写标签，写着陌生人的名字。

时间在新生儿重症监护室里变得怪异。事情尤其模糊和混乱。我几乎没有睡眠。我弄伤自己。我撞到了墙上，我的头撞到了一个角，要么关门的瞬间撞到了肩膀。我的身体用它的方式记录这段时间，记录下瘀伤、胀痛的乳房、敷料、伤口的缝线和缓慢而一触即痛的跛行。一天下午，我的父母来我们恒温箱旁的紧急出口玻璃门前，他们把我的几个儿子轮流抱起来。我非常想念他们。当孩子们向他们正在熟睡的妹妹发送飞吻时，我转过满是泪痕的脸。通过这同一扇玻璃门，我看到一只鸟在匝道上振翅而飞，落在一棵小树的枝桠上。我看到一辆救护车静静地向车库滑行驶去。我在那里看到过两次殡仪车，那车的轮子慢慢地碾过它自己的影子。

我越来越喜欢那些穿着崭新围裙的清洁工，喜欢他们舞蹈般的朴实无华的例行活动：工业除尘拖把的迅疾旋转、他们的微笑、用抹布擦拭物品的动作，以及点头致意。我熟悉他们的名字和他们的特点——谁会擦一擦文件柜前的电灯开关，谁会与人眼神交流，谁会讲笑话，我哭哭啼啼时，谁会出于尊重盯住地板。看着他们打扫卫生的舞蹈，我越来越想家；我渴望我的洗衣机、我的扫帚、我的厨房钟的嘀嗒声，渴望划去我的清单上的条目。这里的每一天都是未知的，没有哪两天是相同的。我担心后面会发生的事；我不停地担忧，努力强迫自己在恐惧中放松，但是这里的一切都毫无逻辑可循。我所看到的似乎都是匆忙发生的，既近在咫尺，又与我相距甚远。一天下午,我在去洗手间的路上,看到一个十几岁的少年推着他伴侣的轮椅进来。她长着雀斑的脸蛋虚弱而惨白。一名护士拥抱了她。在他们身后,一群医生把婴儿推进来,随后紧跟着一位牧师。在他们周围,房间里的空气变得安静——或许是我自己的想象。当我回来时,他们都已经离开了,新生儿重症监护室忙碌依旧。

———

每次护士要我离开时,我都会变得愤怒。她们急匆匆走过来,示意我到走廊上去。即便我恼怒,大声叹气,她们还是会坚持,而如果说我在这里对自己有什么进一步的了解,那就是我的软弱。我总是屈服。在走廊的一张皮沙发上,我像一个孩子那样怒目圆睁地坐着,直到最后,她们请我回去,我看到了新的敷料,覆盖在我的孩子新的伤口上。我恨她们让我和我的孩子各自承受痛苦,明明我应该在她身边。

一个下午,我见证了坐我们对面恒温箱旁的一个家庭的同样的舞剧,那对父母对护士摇头,护士微微侧着脸,轻声哄着,不断地哄着,最终,他们愤愤不平地离开了。我注意到那位父亲背后攥紧的拳头。他们走后,我看到医务人员在他们的孩子周围搭建起屏风,这道界限旨在打造保护隐私的错觉。然而,屏风无法挡住婴儿的尖叫声,也无法阻挡抚摸着婴儿额头的护士们的歌声，她们一边轻声哼唱，一边为接下来的注射或冰冷的手术刀造成的疼痛把婴儿固定住。这微小的号叫是我永远无法从记忆中删除的声音。我听到那声音会哭泣，我哭泣是因为无助，是的，我也为感激那些护士而哭泣，她们相信，不能让父母承受看着孩子受苦的折磨。护士们是站在孩子父母的立场上这样坚持的。

在挤奶房，聊天反复地循环着。这是一个由揭开的秘密和恐惧黏合起来的房间，一个在不停重复的螺旋中存在的房间：流血的乳头，低语，感染的伤口，心脏手术，逐渐减少的母乳，手术，莫名其妙的疼痛，转诊，有问题的凝血块。这个清单永无休止。希望。家。脑膜炎。克拉姆林。家。昏迷。家。家。家。

每当有婴儿出院回家，我都会仔细观察他们的母亲。她进入挤奶房告别时，会流露出一副既解脱，同时又怜悯我们这些必须留下来的人的复杂表情。我为她们感到高兴，但在这些时刻，我也总感到背叛。我内心有一部分幼稚地想要让这里的一切保持原样。当别的母亲到来时，我们向她们展示如何使用泵乳器，以及在哪里储存她们的母乳。我们倾听她们的故事。我们递给她们纸巾。我们对她们讲那句有魔法的话,告诉她们一切都会好起来。我们拍拍她们的手背。我们微笑。我们很清楚,一切不会都好起来,至少在她们逃离这个地方之前是不可能的,但这就是这个房间的剧本,我们忠诚地据此表演。在这里的时日教会了我这种表演,正如它教会我在椅子上睡觉一样,我的脑袋懒洋洋地倚着椅背,不时垂下,我的目光在耀眼的荧光和温暖的黑暗之间游荡。

一个早晨,一位会诊医师高举我女儿的病历,宣布我们当天可以出院。他说出了我一直渴望听到的那个词。回家。我欣喜若狂,甚至无法开口说话。我紧紧握住他的手,不住地点头,直到他下颌紧绷、看向地面,我还在感谢他,我紧紧地握住他的手,害怕松开。如果我松手,恐怕他会改主意。我握紧他的手,因为我内心的某个奇怪的角落害怕离开,它想要留下。在这里,我的女儿是安全的,有机器和专业人士的监护,但在家里,只有我一个人。只有我。我可能会因为回家而松一口气,但我也害怕离开这种可怕而熟悉的感觉。恐怖也可以是如家般亲切的。会诊医师默默看着我脸上发生的一切,他抽回双手,坚定地拍了拍我的肩膀。"一切都会好的。"他说。

我清理着橱柜里的尿不湿、婴儿连体衣、毯子、皱巴巴的一次性咖啡杯、《挽歌》的影印本以及早就逾期的图书馆书，我的手微微颤抖着。我轻轻摇着女儿的小手，做出挥手告别的动作。终于，我要带她出去了。

最后一刻，我想起了我在挤奶房里的架子，赶忙回去拿了塑料袋，把我自己冷藏的奶都扔进去。在那昏暗之中有那么多瓶子凝视着我——其中包括母乳银行的瓶子——如同乳白色的幽灵一般，随时准备供我使用。我关上门。我离开了。

5. 不科学的大杂烩

> mar a bhfásaid caora
> is cnó buí ar ghéagaibh
> is úlla 'na slaodaibh
> na n-am féinig
>
> 在那里,羊群肥美,树枝上
> 沉甸甸地挂满一簇簇
> 坚果,苹果结出丰茂的果实
> 当甜美的季节来临的时候
> ——艾琳·杜布·尼康奈尔

孩子出院后,我过去的一切日常都回归了,这让我不再为孩子刚出生的那几周诡异的日子而过分纠结。我比以往任何时候都更加喜爱我的清单和我每天用来填满清单的日常琐事:用吸尘器除尘、购物、给孩子们洗澡、换洗衣物。通过完成一项任务来获得简单的喜悦,这使人心里踏实。不论什么时候把女儿抱在怀里喂奶,我都会伸手拿一本书。我在那些学术著作、十八世纪的爱尔兰历史、译著和古老地图中，持续寻找关于艾琳·杜布的一切信息，无论它们多么晦涩和离题。我读得越多，我的笔记就越多。

我女儿出生后的几个月里，背诵《挽歌》仿若时间旅行——我怀里用的是同一个婴儿吊兜，低声吟诵曾经对她哥哥吟过的诗句。当她紧靠在我的胸前安睡时，她沉睡的耳畔回荡着艾琳·杜布的文字。她可能会从这些耳语中编织出什么梦境？会有怎样的奔驰的蹄声？怎样的哀号声？

公共卫生护士安排了一次家访，使我陷入了紧张的擦洗劳动中，我的脑海里盘旋着恐惧，担心她会指出一些散乱的蛛网或溅落的果汁，然后以此为由带走我的孩子。我看见她把磅秤放在我们厨房的桌面上，不由得手心出汗。她想要一杯茶，我在心里默默咒骂自己没有提前预备好一壶茶。当我带着我们最好的一只有缺口的杯子回来时，她正在翻阅我的文件夹。我想要冲到桌子的另一边，大吼道："住手！那是我的！"但我只能尽力微笑着为她倒一杯茶。

她笑了，轻轻叩打着书页。"阿特·奥利里[1]！他可

---

[1] 即阿特·奥劳赫尔。奥劳赫尔是奥利里的爱尔兰盖尔语形式。

能是最接近我们那个年代的男子乐队偶像的人了。"我试图掩饰自己别扭的表情。

正当她追忆她的学生时代,我疲惫的目光漫游到我的茶杯上,它的柄像一只耳朵一样弯弯的,装饰着蓝色的弯曲纹路。我想到一只杯子应当具备的姿态:向嘴巴倾斜,使液体流动。我看到杯子上的图像,不由得战栗。我怎么没注意到这个?多年来,我一直在喝着一只绘了椋鸟[1]的杯子。我想起它们的歌声,它们如何熟练地发出它们记忆中的现实世界的声音,将其编织成自己的旋律:既真实,也是创造,融合了过去和现在。护士提了一个问题,期待着我回答,这期间的寂静将我的思绪拉回她面前,她贸然的手指在我潦草的字迹上停顿着,她看着我,又重复了一遍她的问题:"咱们这是去上了夜校吗?"我摇了摇头。"那这是为了什么?"我耸耸肩,代表回答,我整个身体陷入通红的尴尬。她很快转而责备我关于孩子的事情:没有喂养的时间表,没有固定的睡眠安排,通常有四个孩子的母亲会更加……她抬起眉毛,摊开手掌。

她离开后,我哭了,并不因为羞愧,更多是愤怒,她

---

[1] 椋鸟是一种中小型鸟类,属于雀形目椋鸟科。它们体型一般在20—30厘米之间,体色多为黑色、灰色或褐色,部分种类具有金属光泽。椋鸟是群居动物,常成群结队地活动,尤其是在迁徙季节。它们会在树木、电线杆等高处聚集,形成壮观的景象。椋鸟的叫声多变,能够模仿其他动物的声音,甚至可以模仿人类的语言。

的话依然萦绕在耳边:"那这是为了什么?"

我不知道这一切是为了什么,但我仍然抱着一种错误的希望继续下去:如果我能够简单直接地消耗掉我的痴迷,也许它最终就变得无聊了。这做法有些愚蠢,只会让情况变得更糟,因为我读得越多,我的愤怒就越尖刻。这种感觉通常黏附在译本序言的介绍篇幅上,这些段落是对艾琳·杜布生活的粗略素描,它们几乎总是翻来覆去讲两个事实:她是阿特·奥利里的妻子、丹尼尔·奥康奈尔的姑妈。学术目光轻易地将她置于男性的阴影之下,好像她只能作为男性生活的附庸而引起人的兴趣。

在愤怒中,我开始琢磨一个或许能够回答护士问题的答案。也许我一直都知道这一切是为了什么。也许我意外发现了我真正的事业。也许我耗费年月筛选这个拼图的零散碎片并非徒劳无功,我是在准备。也许我可以通过构建更真实的艾琳·杜布的人生画面来向她致敬,收集我们所掌握的每一个事实来创造一个万花筒,揭示那些珍贵的,虽然破碎却生动的瞬间。这个想法一经浮现,我的心跳便加速了。为了探寻她的人生,我可以贡献我的时间,我告诉自己,我可以做到,而且我会这么做的。

我把白日梦和现实不科学地混淆在一起,并由此开始。我一边构思,一边把粥糊刮进垃圾桶,收拾孩子们上学的书包和外套,催促他们上车,等红绿灯、咬牙忍住咒骂,与三个儿子吻别,再开车回家。做所有这些事的同时，我的一只眼睛盯着艾琳·杜布，另一只眼睛盯着汽车安全座椅里的我女儿。她在后视镜里长大。不过多久，当我开车回家时，她不再睡了。不过多久，她奶声奶气的话语几乎可以辨认了。不过多久，她开始拉扯我给她系的安全带。不过多久，她会用微笑回应我了。岁月就这样在那面镜子里过去：不过多久，太快了。

一天早晨，9点23分，我停在学校大门前。我没像往常一样左转掉头回家处理一篮子要熨烫的衣物。我选择了右转。我一边开车，一边随意地切换着收音机频道。一位前总理去世了，几个男人带着亲切、焦糖般的怀旧情绪反复谈论他的成就："伟大的人。啊，一个伟大的人。"我关掉了收音机。此刻，只有三个声音陪伴着我们行驶在柏油沥青马路上，这是三个女性的声音：我的声音，我女儿的声音，以及那位以冷静权威的口吻指引我们前往基尔克雷的GPS的声音。"左转。"她指示道，她的声音干干净净，剥离了一切社会期待。

我们驶入河上的一座窄桥，它十分窄小，更适合马匹而不是汽车通行。我打开车窗，熄灭引擎。鸟鸣声飞了进来。虽然已是十月下旬，但这里的树木依旧繁叶密布，在微风中奏响浓郁的歌曲，当年艾琳·杜布来到这个地方时，它们也是如此吟唱着。我的皮肤上泛起鸡皮疙瘩。她曾经就在这里。一匹马驮着她越过这座桥，穿过新娘河。

许配的。Bríd。[1]很快她将抵达利河,她的名字将改变,她将成为另外一个人,而现在,这条小河仍在树荫下流淌,吟唱它自己的潺潺曲调。

在桥的另一侧,在晴朗得不像样的天空底下,修道院矗立在一片片交织的田野中,样子温暖而质朴。我的女儿微笑着。她穿着奶奶为她编织的亮粉色开衫,这也是女性的文本,每一个针脚都是一枚音节。我抱起她,还有我的包、手机、笔记本、笔和相机,侧身穿过篱笆门。这就是我为自己打造的生活,我总是追求超越自己掌握范围的东西,把一堆乱七八糟的东西抱了满怀。

当我沿着笔直的大道朝修道院走去,我想起艾琳·杜布也曾走过这条路,她会发现道路两旁的界线是由骸骨组成的。查尔斯·史密斯[2]在他出版于1774年的作品《科克郡、市的古代情况与现状》(*The Ancient and Present State of the County and City of Cork*)中记载了他在这里的旅行。当他来到这座修道院的大门外时,他是这样描述的:"两旁的高土堆上全是人骨和颅骨,苔藓把它们黏结在一

---

[1] Bríd是凯尔特火神和生育女神布丽姬(Bridget)在爱尔兰语中的一种拼写。她经常被描绘成手持火炬或怀抱婴儿的样子,通常被视为克服逆境的强大女性形象。在这里,作者从"新娘河"联想到婚配和生育,将艾琳·杜布与代表力量、火焰和生育的女神联系在一起,似乎不仅表明艾琳开始新的生活,也说明艾琳内在的力量。
[2] 查尔斯·史密斯(Charles Smith,1715—1762),爱尔兰历史学家和地理学家。

起；除了周围散落的大量骨骼，还有数千具骸骨堆积在拱门和窗户等处。"而现在，那些骨骼都已经整齐地葬入地底；现在土壤之外唯一的颅骨就是我们的和那些乌鸦的头骨了。

"基尔克雷"（Kilcrea）的意思是"克雷教堂"（the church of Créidh），这个名字源自第一位在此设立圣殿的女修道院院长的名字。后来，修道士们在这里建造了一座著名的修道院，他们虔诚的信仰回荡在坚固的石壁上；后来，艾琳·杜布用另一种曲调在它们的废墟之上表达她的悲伤。如今，秋天来了，它携领我一同到来，一种说不清道不明的理由吸引着我，连我自己都无法解释。也许这次朝圣是我走向她的第一步。我漫步其中，我的脚步在土地上留下印记，为它古老的足迹账本又增添了一行。我进入修道院，依照想象中别人的动作，调整自己的仪态——我抬眼望去。

上方是抄写室，修道士们躬身于桌前，这个地方充盈着羽毛笔在羊皮纸上发出的稳健的刮擦声。小心翼翼，小心翼翼地复写着：哦，人类的严肃劳动。那时，通常由陶夏（taoisigh）[1]——古盖尔人社会的领袖——资助诗歌创作，陶夏通常会雇用一位（男性）吟游诗人写诗纪念某个人或某件事。这些诗歌被复制到手抄本（duanairí）里，

---

[1] 这个词是爱尔兰语，现在用来指称爱尔兰总理。

即手写的选集，通常其中也包含一些族谱和宗教文本。相较之下，女性创作的文学作品并未通过书籍保存下来，而是储藏在女性的身体里，她们的身体就是诗歌和歌谣的活体储藏库。我在阅读中发现了一种观点，这种观点认为，由于记忆的固有缺陷和储藏记忆的这种人体容器的不完美，《挽歌》应该不是某一位作者的作品。这个理论指出，它一定是拼贴作品，或者是民间对某支更古老的哀歌的改写版本。对我而言——让我在远离大学校园的高墙外厚颜无耻地放肆一把——这似乎是强加给女性文本的男性判断。毕竟，"文本"一词的词源来自拉丁语中的动词"texere"：编织、融合、用穗带镶缀。《挽歌》是一个由女性创作和编织的文学体裁，它交织着女性声音的纤维，这些声音在女性身体中传承，这种现象只会使我惊叹和钦佩，而不会让我质疑作者的身份。

在基尔克雷，天色渐渐变暗，女儿在我怀里冻得哆嗦，她开始唱起来："咩咩黑色小绵羊，你在干什么？"[1] 我把外套裹在我们两人身上，站在艾琳·杜布曾经伫立的地方。我念诵着《挽歌》中的几行诗句，我的声音从石墙上弹回来，这堵墙也曾聆听过她的声音。当我念诵"Mo chara go daingean tú"时，我的女儿抬头看着我，觉得有趣，她马上歪着脑袋，模仿我抑扬顿挫的语调。我又念了

---

[1] 一首儿歌《咩咩小黑羊》。

一遍,这句诗的大意是"啊,我的忠贞伴侣"。我在这里强烈地感受到她的回声。这是我们的开始。

当我离开基尔克雷时,连我的指尖也感到触电一般。我想知道,如果我抛开迄今为止所接受的那些学术观点,我可否对艾琳·杜布的生活有更多了解。我再次想到,那些简短而粗略的素描将这个女人描绘成姑母和妻子,让她隐没在男性的阴影中。如果从她认识的女性的视角来描绘她,她会是怎样的形象呢?

我下车时,已经制订好了计划,也选好了我的工具。虽然我不是一名学者,但我相信可以用自己的方式勾勒她的人生。我当然是从列一个清单开始的。除了重新阅读我以前读过的材料,前往她的家乡进行调研,以及追踪文献档案外,我还将重读 1892 年出版的《爱尔兰旅团的最后一位上校》(*The Last Colonel of the Irish Brigade*)。在两卷干净泛黄的书页里,一个自称摩根·约翰·奥康奈尔夫人(Mrs Morgan John O'Connell)的作者详细描述了一叠藏匿的家书,这些信件是在"老摩利斯·奥康奈尔的书橱里"被发现的,"书橱上镶嵌着黄铜把手,有许多抽屉"。摩利斯是艾琳·杜布的哥哥,是他们一起长大的那座房子的继承人,也是家族财富的分配者。可以料想,这些兄弟间的通信大多涉及男性关心的议题——军事政治、贸易安排、财务等等，但也偶尔谈论这里的女性的生活。我决定重返这些文本，有意识地删减擦除，将文件和信函都削减到只剩下女性生命记录。通过这种间接的阅读，我将全身心地致力于从男性文本中捕获女性人生。我希望这种角色对调的实验能揭示隐匿的女性的人生，她们一直存在，只是被编码在隐形墨水里。

　　用不了多少时间，就能找到两位女性帮助我们了解艾琳·杜布。我发现了奥康奈尔夫人笔下的一个人，她称之为"（摩利斯和丹尼尔的）生了许多孩子的妈妈，她拥有独特的爱尔兰式即兴创作天赋和务实的智慧，并善于持家"，而当我发现艾琳·杜布有一位孪生姐妹时，我感觉另一条路向我敞开。我开始从这两位女性着手，慢慢地将我的研究和幻想与奥康奈尔夫人书里的斜体字编织在一起，而就算我脑海中还有一个小小的声音在问："为什么要这么做呢？"它也已经微弱到可以忽略不计了。

如何制作一只提线木偶

1. 将一页纸平整对折。
2. 再对折两次。直到折出的褶子像一架白色手风琴。
3. 描画出一个女人的轮廓。
4. 用缝纫剪刀剪下女人的形状。
5. 把这女人轮廓的剪纸拎起来,就好像从纸页中赋予了她们生命。她不是孤零零的一个人。观察她们是怎么苏醒的吧:各个手牵着手。
6. 记住这一课:每一页纸上都有未被书写的女性,每一位都独自沉默地等待着。

éirigh suas anois
现在站起来
——艾琳·杜布·尼康奈尔

起初,当艾琳·杜布漂浮在一团温暖的黑暗中时,她就已经不孤单了。在她母亲的指尖察觉到气泡一样的胎动之前,她的孪生姐妹就已经感受到了她在身旁的搅动。

日出前,海洋翻腾着巨大而鲜活的海浪,这无数的波纹,每一道浪花都积蓄着自己的力量。在海那边的熹微晨光中,一个农庄开始了一天的忙碌,马儿拱食着燕麦,新鲜鸡蛋握在人类的掌心,奶汁从牛羊的乳房中激涌而出,暖热的嘶嘶声此起彼伏。屋内,一个女孩大步走进起居室,在前一天的煤渣旁跪下。她轻轻吹动炭灰,底下的三团余烬开始发亮。厨房里传来面包的香气,圆润的白面圈代表着这个家庭的英国基因,棕色的面包代表着爱尔兰基因。每个房间都有人在兴奋地低语,因为今天,家里的女主人,玛伊尔·尼多诺万·杜布正在分娩。

这不是她的身体第一次尝试分娩;在她的一生中,玛伊尔拢共将诞下二十二个孩子,但她将埋葬其中十个。作为一位慷慨的女主人,她唯一的俭省之处就是对家中鸡蛋的精确控制。她平常的慷慨和这种特殊的吝啬形成鲜明对比，她因此被亲切地称作"皮安塔·乌瓦"（Pianta Ubha）——"蛋卵疼"——鉴于她雄心勃勃的身体频繁地怀孕，这个说法很是酸楚。数十年来，玛伊尔的乳房几乎一直在分泌乳汁，她的子宫也几乎一直在孕育新的生命。此刻，她的身体摊开，她的咆哮迎来了婴儿的啼哭——第一声是一个女声，然后是另一个。双胞胎。女孩。玛伊尔向后仰倒，大腿湿润而战栗。她给初生的女儿们起名艾琳和玛伊尔，但大家都叫她们奈莉和玛丽。她们的母亲并没有休息多久，因为经营德林内恩庄园是一项庞大的事业，并且她还在掌控一个有利可图的走私活动。这样的"贸易"在当时并不罕见，但他们事业的规模确实给这个家庭带来了异常的财富。玛伊尔经常与她的丈夫唐纳尔·莫尔一起运输兽皮、腌鱼、黄油和羊毛，以及进口茶叶、葡萄酒、白糖、白兰地、烟草、奢华的丝绸和天鹅绒。

这两个女婴会被送到乳母那里喂养，等到她们足够茁壮，就能与家人们在德林内恩庄园重新团聚。她们回来的时候，还将一同带回送养家庭的一个孩子，这个孩子胜似她们的亲生手足，作为值得信赖的仆从一直陪伴她们。双胞胎在乳母那里学到的语言是爱尔兰语，但她们自己家里使用的语言是英语，这种双语体系是这个家庭的核心。奥康奈尔夫人写道：

他们说英语，穿着英式服装，在日常生活中或多或少地遵循英国的习俗；但他们的内心深处渴望失去的土地、古老的部落权利和特权，他们会在格外激动的时候使用他们最初学会的爱尔兰语。

奈莉和玛丽出生时，英国殖民者实施的残酷的《惩治法典》几乎摧毁了原有的社会秩序。这些精心设计的法律被用来镇压本地人口，消除他们对新教崛起可能构成的任何威胁，当时后者已盗窃和占据了前者的土地。爱尔兰天主教徒不得受教育，不得拥有价值超过五英镑的马匹，也不得投票或携带武器。未注册的牧师将被阉割；献出牧师首级的人还能获得奖励。然而，还是有办法让一个雄心勃勃的女家长暗中违反这样的制度。德林内恩湾地处偏僻，当权者很少到访，所以玛伊尔和她的家人在这里保有一定的自主权。白兰地和优质烟草的诱惑足以购买沉默。

玛伊尔除了管理家务和贸易，还是一位诗人。她的许多存世诗篇涉及她与德林内恩的仆人们的交往。我翻译奥康奈尔夫人记录的一首现存诗歌如下："快点，女士们！快纺好那根纱线，因为你们的纺车坚固，你们的肚子从不挨饿。"我在都柏林大学的档案中发现了更多她的声音的遗迹，我借此想象，她的女儿们眼中的她从庭院迈步到马厩，她美丽的长发编成齐整的辫子，用发卡绾起。她身着最好的进口布料，这是为她量身定制的，迎合了她"亮丽的彩色丝绸搭配缎面衬裙、精致的蕾丝帽和荷叶边的礼服，以及细棉布和素色羊毛织物"的品味。我翻译其中一段对话，玛伊尔正夸耀她的家园：

> 这儿有一处低的河岸和一处高的河岸，遮阴避暑、御寒保暖、背阴面阳。

听到这深情的感叹，附近的一个男人反驳道——

> 这儿有一处低的河岸和一处高的河岸，面阴背阳，中间都被冲垮了，海滩上全是石头，玛伊尔·尼·杜布，这就是你拥有的全部。

这机智对谈中蕴含着智慧，她的夸夸其谈被仆人们熟练地驳斥，几乎可以想象随之而来的热烈欢笑。玛伊尔在早餐时戏弄一个男仆：

> 跟我们家和巴利纳博拉[1]相比，我更偏爱这里的男孩的好胃口。

他的反驳再次颠覆她的韵律与格律，巧妙地做出

---

[1] 爱尔兰科克镇的一个地方。

回应:

> 啊,但如果你不得不早起狩猎这片土地,
> 从这里一直到巴利纳博拉,
> 然后爬上陡峭的山丘收割庄稼,
> 再到谷仓中打谷,
> 那你也会饥饿,和我一样渴望食物。

在这位女主人与用人之间的戏谑交流中,我们感受到玛伊尔·尼·杜布在自己和孩子们周围营造的氛围。作为上级和母亲,她看重聪明才智和交谈中的勇气胆识,而其他人响应了,记住了,并且记述了。

小奈莉在养母那里断奶后,回到了德林内恩,与她的孪生姐妹一同在马厩、海滩和森林中嬉戏。头顶的树枝低低地哼吟着古老橡树的私语,正是这片橡树林带来了"德林内恩"(Derrynane)这个名字,它是"圣芬安的大橡树森林"的英式译名。我渴望聆听那片森林当初为小艾琳唱的歌曲,然而,我在自己的小房间里可听不见。于是我开始查阅地图,在日历上圈出日期,准备好我的车钥匙。

当我抵达德林内恩时，已经是春天了。我发现即使在那片森林的深处，潮水的声音也能让人像遇到吸铁石一样转过头来，让我重新找到方向，像小奈莉当初那样。

我独自站在海滩上，黄沙在我脚下延伸，无数的贝壳、石头和石英碎片被揉捏成一个全新的整体，清晨的海岸还未被人类的存在印上痕迹，就像空白的一页纸。过去的日子里，它每一天都承受新的脚印，微风中还夹杂着葡萄牙语、法语和西班牙语的片段。低潮时，那对双胞胎姐妹就可以步行到修道院岛，就像我现在一样。

柔软的沙地曾经承载过奈莉雀跃的脚趾，触碰过奥康奈尔夫人的长裙，如今则留下了我自己的足迹。我转身，意欲拍下我在这片令人心驰神往的沙滩上留下的足印，但当我专注于手机屏幕时，却不小心被绊了一下。我稳住了，顺手拾起那个绊脚的障碍物：拳头大小的一块蓝绿色岩石，上面交织着三道石英细纹。我决定将其解读为一种预兆，寓意着交汇于此的存在，表明我所追寻的三位女性也曾在这里留下过足迹。当我转向那座岛屿时，这块石头在我的手中渐渐温润。

我沿着岛上的斜坡攀爬，想象双胞胎姐妹在这片低矮的杜松子灌木丛中欢快地穿行，穿越野花和长满尖刺的荨麻地。我确信，如果艾琳·杜布此刻站在我身边，她会立刻认出这个地方。这里除了几处被海风摧毁的岩石，以及不断增加的墓碑和其中的新客，几乎没有什么变化。在这座废弃教堂的一个角落，我找到了玛伊尔的墓碑：

> 她比她的丈夫多活了二十二年，
> 是妻子和母亲们仰慕和模仿的楷模。

我用手指轻轻触摸这些字母的纹理和曲线，一遍又一遍地念着她的名字。我是在召唤艾琳的母亲，还是在为她黯然祭奠呢？

"玛伊尔，"我呼唤着，"玛伊尔。"我伫立静默片刻，意识到自己在等待某种回应。没有声音回答我，但一阵风升起，猛地将我的头发拍打在脸颊上，锐利得如同一记耳光。

从海滩通往她们家的小径引导着两个女孩穿越森林。如今，我沿着同样的小径走着，树影摇曳，感觉既现代又古老。我采取了以前从未尝试过的步态，慢慢地踱步，一再放慢脚步，幻想也许我能看到一些东西，让我更深入地理解艾琳·杜布早年的生活。在房子西边不远的地方，我停在几株长了多节瘤的橡树和山毛榉树下，我的心如鸟儿

般振翅扇动。一棵树已经倾倒,是被暴风雨摧倒的。它倒下的树根纠缠着泥土,其中嵌着一段旧墙的残骸,在那纠缠之中是一扇门。它一定曾被树木几十年的生长吞没,只在树倒下之后才再次暴露。若要爬过去,我得将身体紧贴着湿漉漉的土地。我这样做了。当我爬出来时,我的膝盖湿了,我感觉到异样的变化,但我无法具体描述。我的右侧乳房有点刺痛。我继续朝前走。

在我还没有亲眼看见之前,我就感觉前方有一个环形墙。尽管有些害怕,我还是朝它走去。我知道很多人对于围绕这些古老的环形堡垒的传说嗤之以鼻,但我不愿亵渎这个黑暗而神圣的地方。在我从小长大的房子外,也有一个突出地平线的环形墙。它是我根深蒂固的恐惧的中心,黑暗而凄凉,充满神秘感。尽管我经常凝视它,但我从未敢走近。整个童年,我总是被告知这种地方充满危险:有人住在那里,那些被我们自己人认为衰老而狡猾的人,还有那些据说会绑架像我这样的女孩的人。学校教给我的另一种解释是,环形堡垒曾是为了保护农舍免受狼和窃贼的侵袭而建立的防御性围栏,与它们有关的故事仅仅是"piseógs",即迷信的民间传说。在我的历史课本上,环形堡垒的俯视图状如字母"O",让我想起悬崖上的洞口,或是某个入口。我不愿了解这样的洞口可能通往何处。恐惧的面纱将这个画面完全笼罩住,使我保持着距离。但今天不同了。今天,我感到自己被某个人引导着走向那个环形墙。我无法抗拒。

我走得更近些，隐约看到墙下有一个影子——或是在墙里？总之有东西在那里。某个——黑暗的东西——某个微微敞开的东西。我发现我原以为的环形堡垒的围墙实际上是一个环嵌套在另一个环里，而在两者之间是一个中空的房间，类似一个内部走廊或一串狭窄的房间，仍然保留着部分巨石屋顶。我从未见过这样的东西。我将手臂伸进黑暗中，摸索着石头冰冷的内壁，像是在黑暗的房间里寻找开关一样盲目地拍打。然后我放弃了，往高处爬。从上面看，这个堡垒是一个优美的地下洞穴。

"地下洞穴"（souterrain）这个词源自法语，由"sous"（意为"在……下面"）和"terre"（意为"地球、土地"）组成。在陆地底下。在脚底下。在地面以下。在我们以下。这古老的结构建造在一种深藏的建筑之上，就连这也让我想起了《挽歌》。我很好奇，如果在这里多待一会儿，我还能发现什么。尽管我已经迫不及待要回家看我的孩子们，但还是在环形墙的边缘坐了一会儿，我的手指在它覆盖着茂密的青草和黑莓灌木的表面漫游。这个建筑结构安坐于树丛之中，隐蔽而惬意。

我坐下时，远处云朵和阳光的斑驳光影在我身上舞蹈。我的指尖漫游在石头上。我在这里坐了很久，等待这个地方透露一点秘密，揭示一些或许能让我更接近那个女孩的秘密，那个曾经在这片森林中因两个音节的呼唤而转头的女孩：奈莉，奈莉。我想到自己因为她而获得的成长。我的手有点痒，我睁开眼，发现一片小小的绿叶在我的手背上忙碌地摩挲着。不悦之下，我将它拂开，想要回到我的沉思中，但我的目光已经被打扰了，我追随着它的叶梗。在那些小小的隐蔽的角落，我手指摸索到顽强的野草莓藤蔓。在那一刻，我看到了它们，然后看到了双胞胎姐妹，一个黝黑，一个白皙，她们的嘴唇被草莓汁染红。

———

十几岁时，奈莉变得难以管束。为此，当她长到十四岁时，母亲把她嫁给了一位老人，这个人只在文献中被录作"康纳先生"，他住在五小时路程之外。瞧：奈莉略微暴力地将她的梳子扔进了一只箱子，接着扔进去两件睡裙、刺绣长袜子和一只盒式项链坠。她砰的一声关上箱盖，将它锁上。她紧紧地拥抱着她的双胞胎姐妹，当她们低声交谈，我们离得太远是听不到她们的对话的。奈莉离开德林内恩时，一千个锋利的涟漪闪烁着道别的光芒。

———

我从书上读到，新娘的马车前面通常驱赶着羊、马和牛等嫁妆，于是，我想象几头黑牛沿着一条狭窄的小道在我前面小跑，想象奈莉在后面的马车轿厢里噘着嘴。在传统的"送嫁"仪式中，到了最后一段路程，人们要抬起新娘的马车轿厢，还要合唱欢快的爱尔兰传统歌曲《噢，欢迎回家》。所以，即将抵达目的地时，他们会解开马的牵绳，欢乐的人群则会冲上来抓住新娘的轿厢。奈莉走进婚姻带给她的家，走向欢呼声和掌声，每个人都希望她这个好妻子能给老康纳诞下一个继承人。这所房子里有一架竖琴。奈莉刚踏进门，竖琴上的每一根琴弦都崩断了。嗒。嗒。嗒。在场所有人都将这桩怪事解读为特别不祥的征兆，人们同时倒吸一口气，人人都用手肘去碰身边的人，这个讯息在人群中像涟漪一样播散开来。亲眼看见一个征兆的诞生，这是很不寻常的，因为大多数征兆都只能在事后得到领悟。这些琴弦一断裂，所有的目光都转向了奈莉。

如果这件事没有明显的后果，这个故事就不会被一遍又一遍地讲述，直到它的回声响亮到连我们都能听见。然而，没过六个月，她的丈夫就去世了，他的死亡使那些琴弦成了厄运的象征，将一个普通（尽管奇怪）的事件变成了值得重复的故事。奈莉必须穿上她的黑色裙袍站在他的遗体旁边，就在那些目睹了琴弦断裂的同一批观众的面前，在外界的期待中扮演她的剧本角色。

有人说她为他哀哭，还有人说她在他的丧礼上愉快地躺着嗑坚果，但无论是哪一种情况，奈莉确实在十五岁时就成了寡妇。当她回到德林内恩时,她没有怀孕。

在这里,只剩下寂静。

我多么希望当初有人能明白,更多的女性话语配得上在那古老的书桌上找到一席之地。我想象中那些由女性誊写的日记、信件和账簿,一定曾经存在过,直到有人把它们整理出来丢进废纸篓,整整齐齐地抛入遗忘。我们只能依靠奥康奈尔夫人的评价(她是数十年后在另外一处地方写作的)来判断奈莉的婚姻的后果。尽管奈莉"既没有取悦她的丈夫,也没有对他表现出特别的依恋,她返家时还是懊恼自己失去了一个家庭的女主人所拥有的自由和影响力"。我为这个女孩感到沮丧。我已经习惯了在我熟知的生活中侧耳倾听她的生命回响,她对我来说就像任何其他看不见的存在一样真实——像收音机里没有实体的声音,像互联网上的嘈杂人声,像草丛之下伸展的根须,像我们篱笆外吠叫的那只狗一样真实。

当我跟随她从德林内恩走到她失败的婚姻,再回到原地,她对我来说就是真实的;她与我一样真实。

我意识到艾琳·杜布的生活与我的生活有着根本的不同,然而,我还是情不自禁地要在我们之间建立联系。当我还是一个十几岁的少女的时候,我也凝视过一具遗体,我也发现自己是个失败者。一个房间引导我走向那个时刻。

6. 在解剖室

> Is aisling trí néallaibh
> do deineadh aréir dom
>
> 昨晚……
> 我的脑海中浮现迷云般的遐思
> ——艾琳·杜布·尼康奈尔

我第一次进入那个房间是在一个梦里。在梦里,阳光透过高大的窗户照射进来,一些模糊的形状悬浮在近一米高的地方,像是被白雪覆盖的山脉。房间似乎才被清空,仿佛一群我不认识的人刚刚离开;而在房间变得空空荡荡的瞬间,我突然出现。一种令人不安的存在。

我醒来时,用手肘支撑起身子,感到一阵迷失和心有余悸的敬畏,我颤抖着,就像刚从河里扑棱上岸一样。音响上鲜红色的电子数字闪烁着:8 点 52 分。

那是一个阳光明媚的周六早晨,我睡过头了三个小时,这意味着我已经错过了早上计划的十五个学习时段中的前六个。考试季即将来临。当我学校里的朋友们选择去公司实习、研修护理卫生或法律课程时，我已经决定选择一条胜过其他一切的道路，它将为我的未来铸造一个稳定的结构。

多年来，我一直默默观察我们的家庭牙医的工作。他是一个和善、沉稳而友好的人，我觉得他的工作日只消解决有限的问题，且每个问题都可以通过一系列明确定义的操作轻松解决。即使是在我自己小小的、血迹斑斑的手掌上的一颗断裂的牙齿，对他来说也不是什么困难。当我主动要求去他阳光明媚的诊室实习时，我的直觉得到了验证：这是一种美好的生活。如果我能取得足够高的分数，进入大学学习牙医学，这也可能成为我的生活：安稳的日子和一份稳定而可靠的薪水。

问题是，没有一个成年人同意我的决定。职业指导老师与我父母谈过，不太看好我的能力测试结果，并提出两个选择：第一是教学，第二还是教学，要么是教儿童，要么是教青少年。但是，越多成年人警告我牙医学是白日梦，我就变得越是坚定。

除了吸烟、饮酒，接二连三地交一些靠不住的男朋友，我把牙医学变成了我的青春叛逆战场。我要证明给他们看。我要证明给所有人看。我只需记住一定量的信息，然后在考卷上写下来。简单得很。

我努力挤出时间学习：在家里，牛儿还没咀嚼它们的反刍食物之前，我就开始学习；在学校的空闲时间，在公交车上，在我踏上狭窄的乡间小路回家的路上。即使我到学校后面偷偷吸烟的时候，我还在口袋里翻找法语动词表。我需要牢记那些我认为最难的时态，比如过去未完成时，它适用于过去还在持续进行的动作。Je désirais：我当时正渴望，我当时正想要，我当时正渴念；这个状态是永无止境的。我把每时每刻都变成死记硬背的学习机会。需要记住化学方程式，叶芝的诗句，质壁分离和细胞皱缩的定义，一整篇关于 1453 年至 1571 年间的奥斯曼帝国的论文。我需要做的事情太多了。我需要记住遗传学的定律，DNA 复制中的转录和翻译过程的区别。我需要练习二次方程。我需要解出 x 和 y 的值。我的时间浪费不起，但是此刻，我醒来时已经远远落后于日程表，我的身体仍然沉浸在梦的愉悦里。

我推开父母卧室的门，看见他们正在阳光下吃抹了黄油的吐司，满面春风。收音机里播放着头条新闻。我告诉他们我梦见了一个像教堂一样的地方，感觉非常真实，我知道这一定是个好兆头，我能非常清楚地看见，一切都会好的。我爸爸正在收拾他们的杯子。"你得多睡会儿。"他笑着说。到此时此刻，关于我的未来的讨论已经基本定调。"如果你选文科，你可以学习四门不同的科目，"我妈妈会说，"你喜欢历史，你可以学它，还有英文，如果你愿意的话，还有哲学，还有其他任何你想学的东西！"他们口中的文科学位听起来像圣诞节一样美好，但我深信它不会给我带来工作、安全感和控制感。我知道他们为我担心：我把吃饭和睡觉的时间都用来学习了，我太瘦，太紧张，吸烟太多。我知道，他们认为，如果我选择一条要求没那么高的道路，我会更幸福；但我也知道他们错了。我快要十七岁了。我有一个计划。我能实现它。

淋浴时，我专心致志于贴在玻璃外面的小肠示意图，然后不断背诵那些标签，使它们听起来像祷告词：上皮细胞、微绒毛、淋巴乳糜管、内腔。我闭上眼睛，记住它们，在脑海里重建它们的图像：内腔，内腔，内腔。滚烫的水雾从我的手臂上升起，从皮肤上消散到空气中。

当我第二次进入那个房间时，有一具遗体在等待。

那天早晨，我在一间陌生的卧室里睁开眼睛，听到了潺潺河水的声音。那时我已经获得了一小笔奖学金，可以租到学校公寓的一间卧室。从第一天晚上开始，每晚我都开着窗户睡觉，让利河的声音安抚我入眠。我穿好衣服，束起头发，喝一杯牛奶，吸四支烟，再三检查我的包，戴上降噪耳机，按下随身听的播放键。我往山上走，Pixies[1]

---

[1] 美国颇具影响力的独立摇滚乐队。

在我的耳边咆哮,我一边走一边再次查看校园地图。

在医学预科一年级学生的注册队列中,其他人用私立学校里特有的甜美语调交谈。我贪婪地观察他们,我的同学们:他们美黑的皮肤,他们的手势,以及他们衣领的倾斜度。我们每个人都带着在学校商店购买的全新解剖包和一堆教科书。当我偶然听到一些关于继承实验室白大褂的笑话时,我试图理解其中的含义。我的白大褂是簇新的,浆洗得很硬,像一层扣在我身上的脱不掉的粗糙外皮。当我坐在讲堂里时,我的脖子痒得厉害,但我挺直脊背,克制自己不去抓挠。

一位讲师走了进来,整个房间安静下来。一名技术人员将一盘录像带放入录像机。电视屏幕闪烁,然后出现了一具裸体的画面。死了,我想。死了?死了。一个友好的声音开始解说步骤:

> 胸腔。注意解剖刀整齐的切口,从锁骨之间开始,沿胸骨直至脐部。固定切口的边缘。此时最好使用较小的解剖刀,以便探索脂肪和筋膜的深层。一旦剥离皮肤,观察肋骨以及肋间肌肉。小心将胸大肌从肋骨上分离开。接下来要使用手锯——

视频卡顿了,最后彻底停了下来。技术人员无奈地敲了一下机器,没有任何反应。老师于是带我们进入实验室，在门口给每人分发一副乳胶手套。我猛然发现自己站在数月前曾梦见过的那个地方。一样高高的天花板，一样明亮的窗户：一切都非常精准地，怪异地相似。甚至是那些奇怪的山景——大约有十座——也是一模一样的，但这一次，每座山不再飘浮，而是放在手推车上，上面覆盖一层布单。这次，我不再沉睡，因此可以猜到底下藏着什么。我的梦境怎么竟能以如此生动的方式向我展示这个房间？认出来之后，我大为震惊，以至于产生了身体反应：我的头皮开始冒冷汗，手套也突然感觉过紧。在一个漫长而悬而未决的瞬间里，我在困惑之中，愣住了。然后，一个高个子女孩从我身边挤过去，我的腿不由自主地跟着她走。

每个台前有六个人，我们都一言不发。当我也把手伸进实验白大褂的口袋，模仿他们做准备时，一把解剖刀从袋子里滑落，削破了我的指尖。（咔嗒。）我匆忙跑去洗手间，脱下手套，吸吮伤口的血，然后用一团纸巾把它裹起来，再套上一副新手套，希望没有人会嘲笑我那包扎得奇怪的手。我凝视着镜中的自己。谁会在解剖室里割开自己的身体？只有我，只有我。

我回去的时候，其他人都像老太太们围着一壶新沏的茶那样点头示意，"你先来"，"不，你先请"，等等。我猜老师在我离开的时候已经下达了指令，现在是解剖的时间了。

最终，一个满脸雀斑的男孩深吸一口气，挑了一把解剖刀，将遗体上的白色布单从其颈部掀开至腰际。我们都俯看这块冰冷的人类皮肤。

我一直以为，我解剖的遗体跟我自己的裸体差不多，但这是一位非常年迈的老人；也是死人；她的身体还进行了防腐处理。浑圆的小腹附近，小巧的乳房柔软地松垂着，上面布满了老年斑。当然有一股味道，但不是我想象中的味道，而是仍能辨认出的身体的味道，既像肉味，又像化学味道，有点像大热天里的狗，有人绊了一跤，把一桶用来洗拖把的消毒液泼到了它的身上。那个男孩拿着刀片在老妇人的身体上方颤抖了片刻。然后他下刀了。他把她切开了。房间里鸦雀无声，其他学生也都弯下腰，我们都张大嘴巴，沉浸其中。然后，仿佛出于一种默契，我们都开始切割。我看到老妇人肋骨处的两片皮肤被掀起，就像蛾的翅膀。不断有手将手术刀按进皮肤，修剪脂肪，刺探肌肉。我想知道她为什么选择了这个——是什么驱使一个人允许自己的身体有如此残忍的结局？我试图加入其中，徒劳地戳着那块看起来酷似罐装金枪鱼的肉，那肉身灰扑扑的，层次分明，而我脑海里还在翻来覆去地想着我竟然站在我梦中的房间里。

在接下来的几周，我每天晚上都会翻阅教科书，为解剖课做准备，背诵解剖术语。我与同学们建立了一种温和的同仁情谊，他们会用一些开玩笑的手势，而我不能完全理解——比如，突然戳一下彼此的肋骨，大笑着说："哈！吓你一跳！"这个游戏的目的是要强装镇定，对抗身体的本能。我总是失败；我就是不明白。仅仅几个月前，我还在学校后面吸烟，一个前男友悄悄走近，把冰冷的折叠刀按在我的校服背后。那也是个玩笑。在这里，刀和玩笑都不一样，但我的笑声一如既往地虚伪。一个星期一，有个女孩告诉我她周末去滑雪了。"超级棒！"我尖声叫道，这是我那一年说了太多，而此后再也没有说过的一个陌生的词语。我在那个房间老是笑，以至于每当我躺在狭窄的床铺上，听着夜晚的河水哼着它流传下来的曲子，我的脸颊都会隐隐作痛。

日复一日，那具遗体在发生变化。我们切割下来的每一片破碎的内脏、肌肉和软骨，都要被扔进一个蓝色塑料桶——这是指专门归置到专用垃圾桶中——它们就像拼图的碎片躺在里面，也像沉默的船的残骸。我们被告知，解剖完成后，切割下来的所有物件和空心的骨骼和外皮都会被整齐地装入棺材，然后运往火葬场或墓地。在那里，亲人们聚在一起，用美丽的语言向那位不知何故将自己的身体交给我们的人致敬。

我看见，人们面对遗体时，总是充满敬意地压低声音讲话，轻柔地切割，但在酒吧里，当我们将桑布加利口酒一饮而尽，我们会对那些匪夷所思的血腥笑话狂笑不止："……喝完酒保打烊前的最后一杯后，那家伙站在排队上厕所的队伍的最前面,往小便器里丢尸体的生殖器,后来的每个人都对着它尿尿,然后呕吐到里面。"我们笑的时候,房间里空空荡荡。屋里很黑。所有的灯都熄灭了。

随着学期的推进,我很少再去解剖室。我交的朋友越多,我喝得就越多;我喝得越多,我吸烟就越多;我吸烟越多,我吃得就越少。只有当我看到陌生人眼中的渴望时,我才感觉到自己的存在;我记得我也曾有过渴望。我把自己奉献给这种欲望,而沉浸其中的感觉很好,仿佛被它冷冽的浪潮带往了别处。在宿醉的下午,我仍然拖着疲惫的身躯来到图书馆,在桌子周围用生理学和解剖学的书搭建堡垒,往活页夹里填塞复印图和借来的讲义,但我却从未读过。我想我至少是在自欺欺人地假装我会去参加下一堂实验课,但我总是十分凑巧地在要去解剖实验室的前一天夜里出去喝酒,然后通常第二天早上根本不去上课。我只迷迷糊糊知道自己当时在哪里:脸贴在马桶座圈上酣睡,要么在一个陌生室友煎培根的香味中醒来,要么在一个不属于我的枕头上流口水。我不在我应该在的地方。当我惊恐地擦拭着我室友最喜欢的(借来的)裙子上的呕吐物时,我不在解剖室。当许多个早晨我从一个打着哈欠的药剂师那里拿到紧急避孕药时,我不在解剖室。当我在修道院的小教堂里哭泣时,我不在解剖室。当我在急诊室里打瞌睡,头趴在已经被血染红的绷带上,手掌里插着一个啤酒杯的碎片时,我不在解剖室。我尝试投河的次日早晨，我不在解剖室。我不在解剖室。我已经离开了。

我离开了，然而我偶尔还是会强迫自己回到那里。我记得有一天早晨异于往常，我早早进入了那个房间，威士忌的宿醉仍令我头疼欲裂，我的头发脏兮兮的。我站在盖着被单的遗体旁边，凝视斜斜打在窗玻璃上的雨滴。视野是扭曲的，城市屋顶看起来好像变了形。远处浓云密布，看上去十分厚重，呈现一片银灰色，随时准备将雨滴洒落下来，或许雨已经在下了。我疲惫地倚靠在担架车上，希望有人能出现，告诉我他们在做什么。我认为这是我与那位为了我的学习而捐赠遗体的人发生深刻联系的时刻，或者说，我向她承诺，我会想办法弥补我的自暴自弃，但那只是谎言。我忽视了被单底下的人。我唯一想到的是赶紧吸根烟。无聊的时候，我咬我的指甲，用牙齿撕咬下锐利的碎片，咽下去，再咬。然后，我撕下半月痕周围的角质层，将它剥离成细细的碎片，不停地啃咬和吞咽，直到每根手指都在流血。当我想象那些指尖的肉块和血液分子在我的胃中翻腾时，我又开始感到晕眩。

其他人陆续进来了——聪明、头发亮泽、有思想的人——尽管他们试着与我寒暄，我只是尴尬地微笑，赧颜汗下。我来到这里是为了寻找一个安稳的生活，但这里没有安全感，没有掌控感。我根本就不该来这里。我每门课都不及格。我弄得一团糟。

被单被掀开了。

自从我上次来过以后，这里又有了许多变化。胸腔不见了，肺部也不见了。颅骨已经被锯掉，头骨敞开，大脑却不在了。一只手臂被整齐地剖开，展示出内部的血管层次。脸……微微敞开着。我记不得眼睛了，可能因为我无法直视，也可能是因为我盯着它们看得太久。剩下的是一个清楚的灰色架构，很难看出是人类，然而它似乎比我更具人性。我无法打开我的工具包。我站在旁边观看一把剪刀顺势刺穿心包囊，那闪光和扭动快得就像是古董箱锁孔里的钥匙。我知道，里面是心脏。

接下来，一把解剖刀切开了血管，这个过程与我想象中那种精致仪式完全不同，更像是用牛排刀割开花园的水管。心脏灰扑扑的，但它似乎在闪闪发光。它被舀起来，从一只手传递到另一只手，再传下去。我轻轻地捧着它，它确实闪闪发光，因为晨光照亮了上边突出的一排订书钉。实验室的技术人员匆匆走过时指了指它："啊——这是我们讨论过的——心脏手术。"一个心脏能够得到如此拙劣的修复，使之得以维持一具躯体度过后来的日子，真的很奇怪。然而这就是事实：一个被缝合和钉牢的心脏，一个被取出两次并被他人捧在手中的心脏。

——

当我第三次进入那个房间时，我迈入了一片漆黑。

那是十一月下旬的一个晚上，我用吊兜把襁褓中的儿子绑在身上，他热乎乎的小肚皮紧紧贴着我，他的囟门在我的下巴底下跳动。我心血来潮，决定参加校园里的一场新书发布会，因为我觉得十年后重访这栋建筑是很有意思的事。经历了糟糕的第一年后，我转而攻读文科学位，学习心理学和英文，最终成为一名教师。我发现自己喜欢与三十五个孩子做伴度日，教他们阅读、绘画和算术。我并不后悔学习牙医学的那一年，但有时，当我的教室里洒满阳光时，我又会想到我的梦境和解剖室之间令人费解的交集，并仍然为之震撼。我从未忘记那个房间，我不知道它是否已经把我忘记了。

发布会结束后，我和大家一起鼓掌，尽责地购买了那本书，然后我高高托举我的婴儿吊兜，悄然离开了温吞的闲谈、葡萄酒和奶酪棒。我以前在这里学习的时候，四周总是亮亮堂堂，但即使在漆黑之中，我也认得回到解剖室的路。我站在门口犹豫不决，手在门把上停留。

我知道里面不会有遗体，因为在这十年间，附近修建了一座精心打造的实验中心——里面有解剖学、形态学和胚胎学学习设施（the Facility for Learning Anatomy Morphology and Embryology），它更常为人知的缩写是"FLAME 实验室"。我拧了拧门把手，门扇关得很紧，但我用肩膀把它顶开了。我在门槛处犹豫不决，害怕黑暗，但我更担心如果开灯的话，灯光会引来保安的检查。我走进了黑暗之中。房间里空无一人。

我走到我面对遗体时经常站的那个位置。我把眉头贴在窗户上，摸着窗台，掌心凉凉的。那里落了一些灰尘，它们带着极微小的事物的普通的美，我想象着灰尘的各种成分：古早时期的铅笔上刮下的铅原子、很久以前的香烟上的银斑、斑斑点点的头皮屑、陈旧的烟灰、从指甲里抠出的沙砾碎屑，以及在这里解剖过的遗体上难以察觉的微小残留物。我的手指沿着窗台拂来拂去，然后用舌头碰了碰指尖的污迹，咽了下去。

从院子里传来的重击声让我的心怦怦直跳，滋生出躁动不安的感觉：我想，如果我留在这里，房间里的东西可能会开始转动，显露出某种巨大的、我尚不能理解的东西。这里已经有太多令我费解的事物了，我于是低声道别，转身离开，决定再也不回这个房间。婴儿在睡梦中翻了个身，松开他那湿漉漉的拳头，手指窸窸窣窣地摸索着我的锁骨。当我的手碰到门把手时，准备好分泌乳汁的乳房开始刺痛，我的乳头开始发痒。我忍住了没有挠痒。

第四次进入那个房间时，我成了小偷。

我在社交平台上看到，这栋大楼将暂时空置，准备进行大规模翻修，而教职员工已经决定在此举办一场艺术展。我在关闭网页之前,就知道自己很快会再次站在那个房间里。

我决心搞清楚为什么这个地方吸引我,为什么它会和我的梦产生交集。我在停车场,用手机查阅一种叫作"似曾相识"(déjà rêvé)的现象:这个词或许算不上什么解释,但也是一种说法,指的是梦见某件事,然后又在现实中经历它。发生在我身上的事叫"预知梦":一种在睡眠中体验到的前兆,但网上并没有提供令人信服的解释,而且许多相关网页上的水晶球和衣着暴露的卡通仙女图案让我恼火。

如果我的梦当时的确实现了,那我为什么把一切都搞砸了呢?整件事情太牵强了,如果这是小说家写在书里的情节,我一定会翻白眼。然而,我又想,如果我是一个虚构人物,自己的梦成了真,最后却还是以失败告终,她会怎么做呢?她不会坐在车里刷着手机上乱七八糟的网站。不,她要进去。

一把破椅子抵住了门,让它保持敞开,椅子上用透明胶带贴着一个手写的标识:"艺术参观在此。"上楼后,明亮的日光让我看到了上次参观时没有看到的东西。从地下室运送遗体上来的冰冷的电梯。水槽上残留着的多年前的同心金属环的锈迹。我开始担心,如果不专心看展览,我会被请走。于是,我在放映的影像和油画四周漫步,一边暗中研究它们周围的变化。常春藤纤细的藤蔓穿透了窗框。水龙头下有蜘蛛网。墙上水泥的裂痕诉说它的慢悠悠的历史。每块瓷砖上的厚厚灰尘。

在我身后,两个学生正在自拍。其中一位的指尖夹着一根瑞兹拉卷烟,她的指甲上涂着碎裂纹路的蓝色指甲油,她舔了舔烟屁股,然后按下按键。她微笑着对我说"马上回来",我点了点头。她们身后的门一关上,我就三步并作两步跑到后面的楼梯间,来到我从未涉足的夹层楼面,进入解剖师的办公室。各种储物柜的抽屉都打开了,里面的文件散落一地。一层薄薄的污垢覆盖在它们的表面。我想,在其他人吸完烟回来之前,我大约有五分钟时间。做点什么呢?我也没料到自己拧开了一扇侧门,飞快跑上了一条更旧、更窄的楼梯。

阁楼阴冷潮湿,散发着一股暗室里的潮气和石头的恶臭,砖砌的墙壁上布满了陈年蛛网的脏污丝线。我就站在解剖室的正上方。通过这个阴暗的楼上房间,那些人中每个人身上都可能有一些东西升起来了——姑且称之为"灵魂"吧——上升,穿过椽架屋顶和石板,就像蒸汽从皮肤消散到空气中一样消失。有那么一瞬间,我静静地站着,想着人类在楼下拆解人体时,一代又一代的蝙蝠和老鼠在这里生活了一辈子。我该怎么做才能让这个故事有一个合理的结局呢?我闭上眼睛,直到头昏眼花。然后,我决定偷走一样东西。

回到家后,我不知道该如何处理我的赃物。砖头上已经布满厚厚的砂浆和脏污的陈年灰尘。它丑陋而奇特,我无法解释自己为什么要偷走它。我很难堪。一开始,我把它藏在客厅的椅子下面,不让自己看到。然后,我把它靠在一盆绿植后面。我不想看到那块砖——偷走它又是一个愚蠢的错误——但我无法不去想它。我不能把它留在家里,却又不能把它还回去。就这样,这块砖现在躺在草丛里,夹在我从海滩上拖回来的石头和庄园残破的围墙之间。现在它还在那里,成为地衣的宿主,野蜂和蝴蝶的短暂栖息地,蜗牛在它上面湿漉漉地爬过。

我知道,要回到那个房间只是时间问题。我已经向它索取了太多,我想找到一些平衡的办法。一天早上,我拨通了一个电话号码。第二天,表格送来了。我只消潦草地签上名字,就可以把我的遗体捐赠给解剖室了。向远方致意,就像远远地按下我的车钥匙那么简单;我轻轻松松把信封塞进邮筒,感到一扇门自动为我打开了。

我的遗体有一天会成为每年被推入爱尔兰五所医学院病房的上百具遗体中的一具,如果这么想是一种解脱的话,那么它也让我更加觉得我的那个梦具有预见性。

这些机构团结一致地鼓励此类捐赠背后的情感冲动。爱尔兰国立高威大学的网站上写道:"遗体捐赠是最慷慨的慈善行为，我们高威大学解剖学系怀着深深的感激之情接受这种馈赠，因为它们帮助我们培养未来的医生和医学家。"爱尔兰皇家外科医学院写道："遗体这一独特而无价的礼物为医学的基础教育和研究提供了知识源泉。"爱尔兰都柏林圣三一大学："我们学院完全依赖于那些将自己的遗体捐献给医学事业的人们的慷慨精神。"科克大学："慷慨捐献遗体的行为对人体解剖学的研究至关重要。"爱尔兰都柏林大学："一个人通过无私地将自己的遗体捐献给医学教育，可以对后代人的生命和福祉产生巨大的影响……敝校永远感谢众多决定为临床医学教育捐赠遗体的个人，并感谢其家人对这一慷慨捐赠的支持。"

我不确定是否可以简单地用"慷慨"或"无私"来彻底解释向解剖学系捐赠遗体的行为，我怀疑这一举动背后的复杂性可能超出了这些机构的想象。举例来说，这也可以解释为对死后的身体进行某种控制的失败尝试，或者作为方便支付丧葬费的办法。一直以来，死者亲属都可以捐献其遗体来换取这些费用。医学院至今仍会补偿捐献者家属最终的丧葬费用，这让我感到安慰——至少我的家人不必再为这笔钱操心了。这一举动中的诗意也让我甚感欣慰，它使我能够计划将来，到那时，我的身体与我过往的人生遥相呼应。尽管我不是一个合格的解剖学专业学生，但观看人体解剖的经历却是我一生中最为记忆深刻的经历之一。我至今仍然为手捧他人心脏的那种记忆犹新的感觉而触动。某天早上,当我死后,陌生人也将双手捧起我自己的心脏。即使他们在我的身边傻笑或恶作剧,我也乐于为他们的笑声奉献我死后的生命形式。

我想给最后触摸我的陌生人留下一个信息。文身时,我选择了白色墨汁,因为我想到了母乳银行。我想到了从许多白皙的喉部浮现的《挽歌》。我想到了那些由女性创作的不被看见的文本,那些从未被抄录或翻译的文学作品。我想到了埃莱娜·西苏[1]:"她的体内总还有至少一点那种好母亲的乳汁。她用白色墨水写作。"我当时就知道我必须选择艾琳·杜布的诗句。我选择的是她从梦中惊醒时的片段,在梦中她看到了一个预言性的幻象,"Is aisling trí néallaibh",我将其翻译为"迷云般的遐思"。

当文身师的针头靠近时,我闭上双眼,让疼痛第五次把我带回那个房间。当她的诗句的乳白色字母逐一刻入我的皮肤时,我再次看到那些陈旧的窗户,大教堂般优雅,在炽烈的阳光下闪闪发亮。

---

1 埃莱娜·西苏(Hélène Cixous,1937—),法国女性主义作家、剧作家、诗人、评论家和文学理论家。

7. 冰冷的吻

Níor throm suan dom
我并没有被睡眠妨碍
——艾琳·杜布·尼康奈尔

我从来没能改掉用手指着书里的文字阅读的习惯。如今,每当我搜寻有关艾琳·杜布的资料时,我指尖的疤痕就映在字里行间的苍白空隙里。我的皮肤清楚地记得那把小刀,但这些古董纸张却很少记得她的名字。我想找到她。我一再尝试,一再失败。最后,我回到了奥康奈尔夫人那里,她能够接触到艾琳兄弟们的信件,令人羡慕。也许,在解剖室里,我就开始不由自主地将一个女人的一生展现在我面前,然后一层一层地慢慢探索;很多时候,我们生命中最坚毅的部分都是在从童年抵达成年之间的那些年里产生的。

奈莉回到德林内恩时还是个少女。根据我的推算,这对双胞胎再相伴仅仅三年,就会因另一场婚姻而分离。奈莉现在是个黑头发的少女寡妇,而她的双胞胎妹妹玛丽则被奥康奈尔夫人称作"羊群中的花朵,碧眼,金发"。每当有船只搁浅,这个家庭都会慷慨接待那些需要帮助的人。我想象着这对双胞胎姐妹窥视船员们的一举一动,在躲避水坑时撩起脚踝边的裙子。不久,潮水的碎片把一个爱人带到她们的海滨。

一名叫作赫伯特·鲍德温的英国贵族,在等待计划回家旅程的期间,爱上了玛丽。他很快下定决心:他要这个爱尔兰女孩,将她带回英国,从此幸福快乐度过余生。他的求婚被玛丽的父母回绝了,他一定非常惊讶。玛伊尔认为,如果她的宝贝女儿玛丽嫁给一个贵族,那么相比之下,她将永远是个土包子。她宁可自己的女儿在简朴的婚姻中被认为是高贵的,也不愿她在高贵的婚姻中被认为是简朴的。无论赫伯特如何恳请她重新考虑这个决定,玛伊尔都只是摇头。他最终只能离开,但他发誓要让自己的家人为他向玛丽的求婚提供书面保证。玛伊尔笑了。玛伊尔开始筹划婚事。

为了取代玛丽的心上人,玛伊尔从科克郡的克洛希纳一个英国后裔的富裕家庭中挑选了另一位鲍德温。可怜的玛丽——虽然他很富有,奥康奈尔夫人写道,这个男人"丝毫没有打动她的心,因为他并不年轻,身材高大,面容憔悴,四肢纤长"。詹姆斯·鲍德温年轻时曾因皈依天主教而一度与家里断绝关系——这在当时是一个令人费解的决定。1762年，在成为寡妇的奈莉回到德林内恩三年后，玛丽开始收拾自己的嫁妆。她有多少次凝视着地平线，寻找船只？她内心的希望悸动了多长时间？离开德林内恩时，她带着丰厚的嫁妆：一白二十头黑牛、一笔没有详细数字记录的现金、一些小马驹、一匹她自己乘坐的母马，以及她在襁褓中就认识的、没有血缘关系的姐姐凯茜·沙利文。在婚礼后的晚宴上，她收到了许多贺信。其中有一封来自英国的信，信中正式邀请玛丽成为赫伯特的妻子。太迟了，太迟了。玛丽已经是詹姆斯·鲍德温夫人了。结局已定。

终其一生，玛丽一直是个"好女孩"。如今，她更是在她这种地位的女性的成功标准中脱颖而出。她接受了母亲为她挑选的丈夫，并为家庭带来了丰厚的嫁妆，在克洛希纳的头十年，她生了六个孩子。她的家人一定为她的成就感到高兴。然而，玛丽并没有忘记原可能发生的事——她给她的第三个孩子取名赫伯特。

奥康奈尔夫人回忆道："哪怕是最好的丈夫有时也会有点令人厌烦，有时候，她总是羞辱她的丈夫说，'鲍德温先生，如果不是你，我大概已经是波维斯伯爵夫人了'。"

与此同时，玛伊尔一定为那个在德林内恩海滩闷闷不乐的小寡妇感到难过，因为没过多久，奈莉就获准去看望她的双胞胎姐妹了。

我描述这些生命轨迹时,好像它们是很容易就能脉络清晰地展现出来的,但事实并非如此。我花了数月的时间仔细琢磨艾琳·杜布早年的生活。每当我生活的空间不能同时分配给我们两个人时,我会把她置于我自己的需求之上。我不吃饭、不洗澡、不睡觉——这种冲动来得很容易,因为我已经习惯了压抑自己的欲求来满足他人的需要。我把生命中的每一分每一秒都用来学习更多关于她的人生的事情。我越来越瘦。尽管我的黑眼圈越来越深,头发油腻,我的肚子还咕咕叫,但令我感到欣慰的是,这样的劳动是值得的。我只是不知道为何值得。

母乳也是与我的劳动密切相关的一部分:我的身体对女儿的饥饿做出反应,带来奶阵,然后我的大脑对母乳做出反应,回想艾琳·杜布生命里零散的拼图。

每当我感觉到乳汁沿着乳腺管和乳腺小叶的内部路径流动时,我就会想到牛羊的乳房沿着泥土甬道摇曳,通向远处的竖琴,那琴弦紧绷,一动不动。我的女儿在睡梦中大口大口地吃奶。

双胞胎姐妹从克洛希纳出来,决定去镇上转转。在那里，奈莉的目光在市场里逡巡。阿特·奥劳赫尔英俊潇洒，衣着华丽，他不只是从她的视线中经过，而且是大摇大摆地走过去。当她的视线追随他时，她未来的自己正为此创作一首诗，一首当时的奈莉还难以想象的诗的第一节，这段文字将带她来到这个陌生人的死亡时分，将超越他们所有人而留存下来。这就是《挽歌》开篇描绘的时刻——

> 我第一次见到你的那天
> 在集市的茅草屋旁，
> 我的眼多么渴望你，
> 我的心多么爱悦你，
> 我和你一起逃离我的同伴，
> 和你一起远走高飞

这些诗句同时出现在两个场景里，既在繁华的街景里，也在女性的身体里。诗人将自己描绘成积极主动的一方——是她看到了阿特，是她感受到欲望和爱情在身体里交缠，是她选择与阿特一起逃离。

与奈莉的家人一样，阿特的家人也在《惩治法典》的恶劣统治下找到了悄然致富的路子，他的父亲在一个富裕的庄园主家中拥有一份稳定工作。作为米希尔家族的土地代理人，他充当捐客，从当地农民那里收取租金，然后交给他的老板。这份工作使他得以在距离马克鲁姆不远的兰令租下一个农场。虽然"兰令"(Raleigh)听起来像英语单词,但它在这里是"拉斯卢奥"(Ráth Luíoch)的英译版本,意思是"卢奥的环形堡垒"。对于阿特这样一个雄心勃勃的人(他的家族曾经是盖尔人绅士阶层的贵族),《惩治法典》不但禁止他接受教育,也使他无法像他认为自己所身处的绅士阶层那样公开行事。在他成年后,他的父亲留出足够的资金支付他前往奥地利的船只和车马费用,并为他在效忠玛丽亚·特蕾莎女王的奥匈军队中买下军职。阿特在匈牙利轻骑兵团中迅速晋升为上尉,声名鹊起,女王甚至将自己的战马、一只铜鹰装饰和两尊大型士兵装饰雕像赠送给他。这些雕像在大篷马车里跟随阿特回家,经由海路和陆路穿越欧洲。最后,它们被钉在兰令宅邸的院墙上。这些礼物来自一个小女孩的母亲,这个小女孩长大后成了法国王后,最后跪在断头台上。

阿特是个大无畏的人,也可以说是个愚蠢的人,或许两者兼而有之。他每次休假回家都要大出风头,比如在公共场合炫耀自己的剑,或者踩踏着不停滚动的木桶穿越主街。在做这些事的同时,他也挑衅了旨在压制他的法律。对于一个看惯了男人们畏畏缩缩的少女来说,阿特的大张旗鼓一定显得魅力无穷。奈莉注视着他的一举一动。奈莉发现自己渴望认识他。奈莉发现了自己的欲望。

在我的渺小生命的所有渴望之中，我最想实现的是发掘另一个女人的人生。这甚至超越了我对睡眠的需要。在这场斗争中，我主要的敌人是我自己。我疲惫不堪。不，我已经精疲力竭了，然而，我的决心战胜了身体的需求。我发现的任何新的细节，无论在旁人看来是多么无关紧要，都让我觉得弥足珍贵。我囤积起每一个微不足道的事实，把它们揣在我自己的生活里，当我做家务、给孩子们洗澡或是开车时，我尽情发挥我的想象。我用吸尘器吸地、擦地、给孩子们读故事、把羽绒被塞进被套，而与此同时，在我的内心深处，我觉得她越来越真实。

每当我感到太累而无法继续坚持的时候，我就觉得自己辜负了艾琳·杜布。我对自己越来越生气。无奈之下，我开始在一天里较晚的时候喝咖啡，像喝龙舌兰酒一样把那滚烫的褐色汁水一口倒进嘴里。我把手机放在床头，夜里，大家都睡了，我却在手机上整理笔记、图片和新的清单。在黑暗中，我想到了欲望和权力。我看到玛丽的婚戒、奈莉的笑容，还有阿特的影子滑过马克鲁姆的那堵我所熟知的墙壁。每个晚上，我都和我的身体搏斗，直到它开始还击，让我句子看到一半，眼皮就耷拉下来，手一松，手机就掉落到地上。每晚我都重复这样的仪式，只要身体允许，我就一直醒着，侧耳倾听，以防她来敲门。是有敲门声——我能听到，那是朦胧而疲惫的声音——但它来自我自己的胸腔。

我们大可以推断，这对新婚夫妇在彼此的陪伴下度过了一段快乐时光。也许我们还可以推断，他们偶尔会偷偷摸摸地抚摸或亲吻，但我们无从得知他们如何安排这些时间，又是在怎样的监视下，或遭到怎样的阻挠。我不知道玛丽是否也被拉着一起去了——可怜的玛丽，在担任监护人的角色时既警惕又无聊；可怜的玛丽，她又怀孕了，很是疲倦，渴望待在家里。

我花了一些时间确定克洛希纳宅邸的位置。我眯着眼睛查阅旧地图，决心将旧时道路和田野的锯齿状边界与现代卫星图像进行比对。

当我抵达这里的时候，四周的景色已面目全非，我愈发茫然，只好开车围绕她大约熟识的地方慢慢地兜圈子。最后，我跳下车，站在田野边缘，努力窥视缠绕的荆棘丛的另一边，但我看不清楚。我开始焦灼不安，因为时间所剩无多，我的女儿很快就会在家里吵着要吃奶了。于是，我心血来潮地祷告，请玛丽带我去她家。我告诉自己，这委婉的办法与我的奇特任务相符，然而，我还是有些害怕自己的声音。怀疑论者可能会认为这是巧合：但是很快就来了一辆车，车里有一位农夫，他问我是不是迷路了。他说他知道鲍德温家的老地方，于是带我来到玛丽的宅邸曾经所在的湿草地。

"看到了吗？"他说，"什么都没有。"他走了，留下我歇息在一扇六栏门[1]边。我的眼前空空如也，这里曾经坐落着诗里的美丽房子，每一节诗的句子都一丝不苟：遮阳伞、肖像画和书籍，蓝色花瓶和绣花毯子，窗帘和餐具柜，信件、梳子和大衣，勺子、放大镜和抹布，煤桶、日记和尿壶。然而现在，什么都没了。这又是一次大型删除。一个女人一生中又一次普通的湮灭。农夫说得没错，我什么都看不到。我也什么都看到了。

我不会在毫无证据的情况下勾勒奈莉的许多生活片段，因为这样做让我感觉形同僭越或偷盗。每当我找不到拼图上缺失的某一块碎片的时候，我就会把目光投向它的四周。与其想象奈莉和阿特求爱时的亲密细节，我想的是一个词语从说的人口中传到听的人耳朵里时不可捉摸的节拍。我想象这对情侣分开的样子，而不是他们在一起时的

---

[1] 六栏门（a six-bar gate）指的是拥有六个横杆的大门，通常用于围墙、农场和庄园等地各种类型的入口。

样子。首先是那种冲动、心跳,以及需要。然后是微笑、捣乱、闪烁着的点点欲望。接着是纸张、羽毛笔的停顿、盘旋、墨汁的滴落:墨迹、墨迹。人类表达渴望和爱的努力。笔尖划过纸面,字母从液体里诞生、循环,每一个字母都与下一个字母相连,一个词接着一个词,还有它们之间所有微小的缝隙。信纸封好,寄出。在信函寄出和送达之前的奇异寂静,在想象中的文字被写在纸上之后、被阅读之前的那一段令人好奇的时间。信函是欲望的运动实体,它从一个身体抵达另一个身体。我只能看到奈莉和阿特之间的这些空隙,看到在一封信离开之后,人如何在窗前流连忘返,想象信纸被心上人紧紧攥在手心,一个人的话语在另一个人的唇齿间默然流淌。

此时此刻,阿特正在飞奔。

他的骏马的两肩有节奏地起伏,马儿嘴边吐着白沫。他拉拽着缰绳,驾着马儿一路小跑,从额头到手心都大汗淋漓,汗水糊住了他的眼睛。大海,令人目眩神迷,海的那一边是德林内恩。就快到了。

此时,到了门前。此刻,手指的关节敲击着那扇门。

此时此刻，裙子的沙沙声，钥匙的银铃般的声响：玛伊尔来了。

就在这悬而未决的一瞬间，她站在门的一边，阿特站在另一边，他的拳头握在半空中，他掂量着如何再次敲门，而她的手正靠近门把手。

门开了。

他们的目光相遇了。他们都立即意识到了麻烦。

他们俩都笑了。

阿特像任何一个远道而来的年轻人一样受到欢迎。他清清嗓子，手掌摊开，坦诚而明亮，但他一说出奈莉的名字，就遭到奈莉父母的拒绝。阿特是个威胁，而且是个聒噪的威胁；这样一个人物，即使是短暂出现也意味着麻烦。尽管他们不同意，阿特还是笑了。他没有理由感到气馁。他很了解他们的女儿。

―――

每当我要为自己冲泡一杯茶的时候，总会有事情冒出来干扰我，我忙着应付更多的家务，婴孩趴在我的肩上，洗碗巾搭在另一边肩上，与此同时，茶水慢慢变凉。我已经习惯了饮用被反复遗留在原地然后重新用微波炉温热的茶水。孩子一睡，我就坐下来，再吹一吹那并不新鲜的蒸汽，艾琳·杜布蹑手蹑脚地进来，和我一起做白日梦。我从不孤单。

此刻，我端着我的茶杯，想象她的物品逐一浮现在我眼前。她应该有一个结实的大箱子，箱扣是由抛光的黄铜制成的。箱子里装着她生命中普通的珍宝：小巧的挂坠盒、用毯子包裹起来的最喜欢的杯子、一枚贝壳、一支羽毛笔、一本日记簿、睡衣和长袍、一只放大镜、一件厚实的冬季斗篷、几张餐桌布、一条项链，还有一沓用丝带整齐捆绑在一起的信件。我永远不会触摸到我为她幻想出的这些物品，然而，当我在想象中把它们举到阳光底下，然后再逐一将它们放入她的大箱子，每一件物品都让我觉得恰当。我们的物品就像我们的生命一样转瞬即逝；一切都消失得太快了。楼上的婴儿已从梦中惊醒——我听到一声啼哭，赶紧跑上楼去。在我身后的某个地方，蒸汽升腾起来，然后消失。

订制一件新礼服，就是将面料夹在手指尖之间，然后

组成一个形状,用整齐的针脚将其缝合在一起。舌尖舔舔棉线。针穿梭在布料上,来来回回,每一针、每一剪,循规蹈矩。线被咬断,结被打上,身体被扣进衣服里,花朵的根被切断,然后束成一捆。过道两侧有一双双眼睛。他们注视着女子缓缓走来。他们微笑着。

———

这对夫妇在1767年的年末结为连理。十二月。一个阳光明媚的日子。阿特二十一岁,奈莉二十四岁。他们冰冷的嘴唇贴在一起,他们的名字写在一处,那是无法抹除的文字。我想象阳光透过窗户,他们在窗下宣誓,至死不渝。他们同时转身,面向通往余生的大门。他们离开时,走道上回荡着他们的脚步声:永——远,永——远。他们的婚姻持续了六年。

现存的信函里没有涉及家族中任何一位女性对这次私奔的反应,但记录了她兄弟们的态度。1768年5月26日,也就是婚礼结束六个月之后,摩利斯收到了远在法国的弟弟丹尼尔的来信:"我很遗憾地得知,我们的姐妹奈莉违背了父母的意愿,但爱情是不懂道理也不听道理的。"

在放弃嫁妆和德林内恩的同时,她也留下了一部分的自己。奈莉走了。与克洛希纳的鲍德温夫人不同,双胞胎中的这一位永远不会被称作"奥利里夫人"。她在选择丈夫的同时，也选择了自己的姓氏。她仍然姓"尼康奈尔"，而"杜布"则十分特别地从她母亲的名字里腾挪到女儿的名字里，从玛伊尔·尼多诺万·杜布（Máire Ní Dhonnabháin Dhubh）——黑暗的多诺万家族的玛伊尔，变成了艾琳·杜布·尼康奈尔（Eibhlín Dubh Ní Chonaill）。我对这个女人最浮于表面的生命细节了解得越多，就发现得越多。在这里，名字绝不仅仅是一个名字。"艾琳·杜布"中的"杜布"[1]——她身上的黑暗成分——来自她的母亲。

我也好奇我会在女儿身上留下怎样的影子。

---

[1] "杜布"（Dubh）在爱尔兰盖尔语中是"黑暗"的意思。

8. 地下密牢

> Mo ghrá is mo rún tú!
> 'S mo ghrá mo cholúr geal!
>
> 哦，我的爱人，我亲爱的！
> 哦，我的爱人，我明亮的鸽子！
>
> ——艾琳·杜布·尼康奈尔

我一直想为女儿取一个与大海有关的名字，但是，当我躺在分娩室外长长的荧光灯下，我改了主意。我心血来潮，给女儿取了一个与"光"有关的名字；我已经忘了原因。如今，每当我拉开窗帘，我的声音就穿梭到她的梦境里，我呼唤着：光，光。

每次准备出门前，我都会抱起她，喂她吃奶，这是我不曾为她的哥哥们做过的事。她有蓬松细软的头发，穿着他们的短裤和T恤衫，她看起来就跟他们一样，直到我强迫她把头发扎成精致的马尾辫。她尖叫，埋怨，拍掉我的手，但我还是不得不把她装扮成女孩的样子。我俩一起照镜子时，我的深色头发衬托出她的浅色头发，我从镜子里看到了她对妈妈的怒视：这是一个真正的小女孩。

我很快就开车将孩子们送到我们的目的地，那是一个工业区的仓库。即便在停车场里也能听到里面传来的尖叫声。我关上后备箱。我讨厌这个地方。我强迫自己来到这里，强迫自己微笑。滑动门关上了。里面的音量让人无法忍受。到处都是孩子们的尖叫声，他们奔跑、摔倒、哭泣、大笑、尖叫、尖叫、尖叫。屋顶好像格外遥远，顶上的金属托梁插着长长的银色管子。在它的底下，我茫然地站在一座不算是城堡的城堡里，泡沫砖做成的炮塔与塑料球做的护城河和三层楼高的用网罩住的房间融为一体。我几乎可以从螺旋楼梯看出一个开瓶器的结构——它的外面可能是亮黄色的，但里面却非常暗。在这噩梦般的景象中，转瞬即逝的身影一闪而过，一会儿是一个女孩的粉色毛衣，一会儿是另一个女孩的绿色衬衫：只是一瞥，随即便消失了。我的儿子们就在这群尖叫的孩子中间，在地狱般的欢乐中肆无忌惮地嬉笑着，撞向其他孩子，让别人流鼻血、哭泣，要么让自己一瘸一拐、流血不止。

我坐在一个"地窖"的边缘，在那里，幼小的孩子们正滑进一个装满塑料彩虹球的深坑。一群家长在周围徘徊，每个人都盯住自己的孩子。我的女儿跳了进去，然后又蹭回来，扑到我的膝盖上，小脸红扑扑的，笑得停不下来。我想记住这一切，于是我伸长手臂，斜着拿手机，像拿着一个古董放大镜。她见我笑了，她也笑，然后飞快地跑开，我只拍到一个模糊的身影和定格在她身后的我的脸。我按下删除键时，她已急忙跑回球池，咯咯笑着，跳着，潜入其深处，然后兴高采烈地冒出头来——她发现了一个大泡沫球，一个不速之客，在一模一样的其他球中，它巨大而特别，我为她的喜悦笑了，直到我注意到一个年龄更小的男孩摇摇晃晃地走过去。他在哭泣，手臂大大张开。女儿也看到了，她回过头来，寻求指引。她应该紧紧抱着她珍贵的发现跑开吗？还是要把它留给别人？我很纠结，既想鼓励她，又不想让她变得和我一样。

我想起了躺在商业街邮筒里的那些马尾辫。今天，那里也许又有了一条新的马尾辫，就像邮筒本身一样普通的马尾辫。在那个昏暗的金属腔体内，底下和四周到处都是邮件，只有更多邮件的到来才会阻断阳光的缝隙。在其他信件和包裹中，一个棕色的信封里夹着一条马尾辫。再倒带回放一下。

那信封从缝隙中飞出，回到一个女孩的手里，再次贴在她的胸口。现在，她倒退着穿过街道，再次走进一家美容院。回到按门铃以前。让她回到那个房间，里面有钳子和喷雾器，梳子和刀片。在那里，信封口还没有被舔过[1]，地址也没有被写上，字母一个接一个消失：L-E-Z-

---

[1] 舔信封封口的习惯起源于自粘信封的设计，因为通常有胶水或黏性物质在封口处，舔封口可以让这些物质变得具有黏着力，便于密封。

N-U-P-A-R。拍了两下孩子的头的手收了回去:"孩女好。"她坐回椅子上,嘴角的笑容也随之滑落。在镜子里,她的眼睛再次看到母亲的眼睛。剪刀的双刃不停地张开,她睁开眼睛,看着一缕缕头发重新接在一起,直到她的马尾辫又长又结实。接着是直发器的滑动,她又恢复了卷发。一撮一撮的辫子被重新编好。银色的斗篷从她肩上解下,门被关上,她又回到了街上,长长的辫子在腰际摇曳。

一个人成为捐赠者的意义何在——这会让我们付出什么代价,又从中得到什么?我对自己这种浑浑噩噩的冲动感到困惑,也常常想了解别人是怎样产生同样的冲动的。我在手机里看到了许多类似的情况:例如,有人为了把肾脏捐给陌生人而决定忍受手术之苦,有人为了捐献卵子而为自己注射药物,还有人为了训练导盲犬而奉献大量时间。相比之下,我个人的小小的努力显得如此微不足道,我刷着手机,羡慕地为他们的慷慨点赞,同时希望自己也能像别人那样有所作为。

在"长发公主"(Rapunzel)的社交网站主页上,三联照片中的女孩们咧嘴大笑。虽然照片里有不同的面孔和背景,但内容几乎一模一样。在第一张照片中,每一个艾米丽、阿兰娜、奥夫和艾玛,每一个埃拉和露西,都咧着嘴笑着,闪亮的头发垂至腰际。在第二张照片中,她们束起了头发,能看到刀片。第三张照片中,她们的头发非常短,仿佛变成了另外一个人,她们高举着刚剪掉的马尾辫，像举起一条破纪录的大鱼，笑盈盈的脸颊鼓成骄傲的气球。她们的头发将被送往一家慈善机构，为有需要的人制作假发。

在这些稚气未脱的眼睛中，我看到了熟悉的光芒，不知道她们后来还会奉献出什么。

邮筒里的头发只是一个起点，而就像任何起点一样，它蕴含着可预见的将来。头发中的 DNA 是一种叫作 mtDNA 的变异体，是一种线粒体物质，只由母亲遗传。虽然母亲会将这种物质遗传给所有子女，但只有女儿会将其遗传给下一代。这条普通的马尾辫，用直发器的导热棒反复拉直的马尾辫，是靠女性联结起来的。

当我还在神游时，我的孩子已经做了决定。那个哭泣的陌生人不再哭了。他把球抱在肚皮上，蹒跚地走了，淌着口水，笑嘻嘻地运球，而我的女儿则瘫坐在球池里，垂头丧气，两手空空。我抱起她，亲吻她长了雀斑的脸颊。"好孩子。"我说。我的嘴是咸的，我先前没有注意到她的眼泪。

后来，在黑暗中，我躺在她身边直到她睡着。我站在大厅的灯光下，看着自己的倒影，整理凌乱的深色头发。门在我身后关上了。我和影子分开了。现在，两面镜子分别映照着我们的身影：亮处的有点暗，暗处的有点亮。

9. 泥中之血

> M'fhada-chreach léan-ghoirt
> ná rabhas-sa taobh leat
> 我的悲痛，我的盐渍伤口一般的悲痛是，
> 我没有在你身边
> ——艾琳·杜布·尼康奈尔

我最想去的地方是艾琳·杜布的婚宅：兰令宅邸。我怀疑这就是我需要的那块缺失的拼图，有了它，我才能放下她的人生，继续我自己的人生。由于不知道现住户的姓名，我给房子的地址写了一封信，没有得到回复。

几周以来，每当信箱有动静，我都会满怀希望地跳起来，却每每失望地垂头丧气。我又失败了。我只好通过电子屏幕来满足我的执迷，眯着眼睛看卫星地图，寻找房子外墙的旧照片。我知道这样窥探是不对的，但我无法控制自己。

我的心也被它占据了；每次我用搜索引擎查找艾

琳·杜布的家时,我内心深处就会有一个丑陋的声音戚戚哀哀地说:"让我进去。"我下载黑白照片,把它们放大,直到我能看到它——那只跟随阿特从欧洲回家的鹰,它至今仍然钉在墙上。

1768年8月25日,艾琳的身体咆哮着打开了,她生下第一个儿子。他叫康楚巴尔,这是一个继承而来的名字,阿特的父亲和兄弟都叫"康楚巴尔"。他的出生日期刻在阿特的墓碑上,这是我笨拙的侦探工作中难得一次获得的准确信息。找到这样一条线索后,我决定得用它来做点什么。

如果是多事的女人,大概要利用网络了。如果她想知道艾琳·杜布在婚前有没有怀孕,她可能会找到一个倒推受孕日期的网站,根据概率算法发现以下信息:

> 最有可能的受孕日期:1767年11月28日至12月2日
> 最有可能导致怀孕的同房日期:1767年11月25日至12月2日

按下"返回"键时,这个女人也许会感到羞耻。她可能（又）要问自己，为什么擅自打探陌生人的私生活。长久以来，这类疑问在我的生活的外围画着问号，虽然我尽量忽略它们。这些问号似乎在问：你在做什么？谁能从这些劳动中获益？肯定不是我，我精疲力竭，凌晨三点一刻还在上网搜索怀孕计算器。也不是艾琳·杜布，因为我发现这次探索对她没有任何好处。她死了，根本不必担心学术界如何描绘她的一生。我疑虑重重的同时，护士的声音一直令人恼火地回荡在我的脑海：那这一切是为了什么？

不久，艾琳·杜布又诞下一个男孩，他的出生日期没有被记载下来，以免将来被多管闲事的人和他们的网络计算器羞辱。婚后不到三年，艾琳失去了父亲。一年后，阿特的父亲也过世了。在这些悲欢离合、生离死别的岁月里，阿特往返于家乡和欧洲的兵团之间。艾琳经常是一个人，但她不孤单。

1771年春天，兰令宅邸周围的树叶又开始发芽，空气中弥漫着两个小男孩的欢笑声和尖叫声、母鸡的咕哝声和马儿温柔的嘶鸣。阿特最后一次回来时，艾琳·杜布怀上了他们的第三个孩子，他穿着"那双细长的外国皮靴，还有那套在国外缝制的上等定制服装"。她为爱人的外形感到骄傲，连富商的妻子都对他心生向往。她们的目光追随着阿特时，我想她们的丈夫也是如此。玛丽一定很担心她的双胞胎姐妹，因为阿特招摇的举止引起了所有人的注意。艾琳一定也察觉到开始聚拢的黑暗。面对避无可避的命运，她是否和我一样感到无助？在这样遥远的距离书写他们的生命故事，我很困扰，既为他们迫在眉睫的灾难，也为自己的同谋行为。因为在叙述这恐怖时，我必须再次施加这种恐怖。我希望我能阻止这种讲述即将给艾琳·杜布带来的痛苦，但我做不到。发生过的事情就在那里了。更糟糕的是，这些事情会告诉我们一切究竟是如何结束的。*结束*，它说，一遍又一遍。

―――

今天下午，你在你的车里。你独自一人。（这倒不是真的。你已经有一阵子不是独自一人了。）

但你确实是一个人在那儿，而且疲惫极了。你的研究成果已经让你的体重减轻了十磅，并在你的两只眼睛底下留下了黑色的眼袋。你不能再这样下去了，但你也拿不准这一切何时结束。此时，就像你少女时期第一次失恋时那样，所有的广播曲调似乎都在唱着你的苦恼。你发现自己不由自主地跟着那些你熟记于心的恼人歌词一起哼唱："……你奉献了自己，你奉献了自己，你奉献了自

己……"的确，你一直在奉献自己，把你的思想和生命献给别人。你的脚踩在刹车上，车子停了下来，歪斜着停在路边。你的眉头抵在方向盘上，你再次流下了眼泪。你这个白痴：这一切都怪不得别人，只能怪你自己。你轻率地选择了这条路，就像音乐家挑选乐谱一样，照着一个陌生人很久以前编排好的旋律和指法继续下去。让它带着你演奏到终局吧，愚蠢的竖琴手。准备好你的琴弦。

对于某人而言的不祥之兆，对其他人来说可能就只是偶然。在厌恶阿特的人当中，有一个人叫亚伯拉罕·莫里斯，这人很可怕，曾经担任过科克郡的高级警长。他们相互仇恨。

七月中旬的一个暖和的礼拜六，马蹄声穿过声声鸟语和充盈着忍冬花香的空气。

在汉诺威庄园前面，阿特从马鞍上一跃而下，脚步稳稳地落在车道上。当他踱到敌人的家门口时，他的马在一旁看着，缰绳上沾了星星点点的唾沫，马肩有节奏地起伏。阿特的拳头捶打着沉重的大门。随后发生的事有两个版本的文字记载，双方都在《科克晚邮报》上发表了自己的叙述。10月7日，莫里斯的报道称：

鉴于兰令的阿特·奥利里，一个极其臭名昭著的家伙，于7月13日礼拜六晚9点左右，在我位于汉诺威庄园的府邸企图谋杀我，并打伤了我的一个仆从，还从其手中非法抢走了属于我的一把枪，我以多重罪名将此人起诉到法院的皇家办公室。现在，我承诺悬赏二十英镑给任何从本日起十二个月内逮捕此人并把他关进本郡监狱的人。

这则公告直接将阿特列为通缉犯，并悬赏他的人头。三天内，莫里斯在马斯凯里宪政协会的同僚们召开了一次会议，他们共同做出决定，不久便发布了另一则公告，确认阿特的不法身份。两周后，同一份报纸上刊登了阿特的回复，指出：

因为要向身为地方法官的莫里斯先生提出有关某些法律诉讼的申请，他确实于7月13日晚7点左右来到莫里斯先生所在的汉诺威庄园府邸，并在那里毕恭毕敬地向他解释申诉的目的，而莫里斯先生却毫无理由地，用相当不雅、侮辱和下流的语言对奥利里大发雷霆，奥利里随即离开，准备回家。

在他离开大道之前，莫里斯先生和他的仆人约翰·梅森各持一把枪沿大道追赶而来，当莫里斯先生走到离奥利里不及二十码[1]的地方时,他举枪射击奥利里并打伤了他的手,这时约翰·梅森走到奥利里近前,拿枪指着他。在约翰·梅森有时间犯下他的主人失手的罪行之前,奥利里非常幸运地从他手中夺下了这把枪,而且后来将这把枪交到了国王陛下的一名治安法官手中,不久之后,治安法官对莫里斯先生暴力袭击和危及他人性命的行为提出了控告。

若读者对这两个故事版本产生怀疑,实属情有可原。阿特尽管被悬赏人头,却还是让自己的母马参加了当地的比赛,还在比赛中获胜,而其他参赛的马匹中包括莫里斯的一匹马。

他的敌人被激怒了,要求阿特遵守《惩治法典》,以五英镑的屈辱(也是合法的)价格卖掉那匹获胜的马。阿特就是阿特,挥鞭抽打了莫里斯,要求与他决斗。莫里斯也不愧是莫里斯,他拒绝了。

———

5月4日,阿特要离开兰令了,当他——

---

[1] 1码约合0.9米。

迅速回头
亲吻你的两个孩子。
你吻了我的掌心,
当你说:"起来吧,艾琳,
把你的事情处理好,
要果决,要快。
我必须离开我们的家,
也许再也回不来了。"
哦,我只是嘲弄地笑了笑,
因为你经常如此警告。

阿特离开了。这一天他决心和莫里斯决一死战。不过,他先停下来喝上一杯。也许不止一杯。就在他喝酒的时候,他泄露了计划。偷听者喝光了杯中的酒,骑马离开。莫里斯对他的线人笑了。他已经让阿特成了亡命之徒。现在他可以肆无忌惮地行动了。

音乐般的马蹄声催促着阿特欢快前行,但在进入卡里加尼玛村[1]时,他放慢了速度。他感到有些不对劲。他用

---

1 爱尔兰科克郡一村庄。

战士的眼睛扫视着村庄，解读着一切可能埋伏着的危险。没错，前方有人蹲伏。陷阱。阿特心跳加速，我也是。他掉转头，离开大道，蹑手蹑脚地向溪流走去，用马嚼子拽住他的母马的头，让她的马蹄在长满青苔的石头上打滑前行，然后再悄悄上河岸，他的脚则在草丛中敦促母马前进。直到这时，他才停下来回头看了一眼。哈！他成功了！他骗过了他们这群混蛋，他避开了他们的陷阱。他的马把头昂得高高的，他高兴地大笑着，大声辱骂莫里斯。

在那些转身怒视的人中，有一个名叫格林的独眼士兵。他将一把旧火枪抵在锁骨和下颌骨之间。他的武器里有一颗铅球，用填料和火药塞得结结实实，按压、点火，准备就绪。莫里斯喊了一个词。开火。每个士兵都扣动了扳机。在轰鸣声和硝烟中，只有一颗火枪子弹打中了阿特，射中他的身体，震得他浑身发热。格林的手指颤抖着松开了金属扳机，其他人则拍拍他，向他表示祝贺。

阿特的母马吃力地把他抬到安全的地方，但鲜血从他的伤口涌出，阿特张开五指，他掉下来，倒下了，在他倒下的时候，扯掉了她的一撮鬃毛。阿特躺在泥地里，手中只剩下那一截湿漉漉的长毛，他的目光最后一次拼命闪动——云朵，厚厚的，近在咫尺——黑荆棘花在微风中摇曳——一只马蹄——一对椋鸟惊忙飞往别处。母马低头看自己的主人，又回头看了看嬉笑的士兵们，他们越走越近。动物会在自我保护和无私奉献之间做出权衡吗？这匹母马很快就做了决定。某种冲动驱使她掉转头，高高翘起尾巴，驱策她的是风，她慢跑起来，缰绳又长又松。她跌跌撞撞，然后在篱笆上长长地纵身一跃，飞奔着，此刻，飞奔着，飞奔着。

莫里斯的人最后在阿特的肋骨上踢了一脚，然后离开了。他们的笑声也随之飘散。那匹母马匆匆离去，嘴里的白沫飞溅。她知道谁需要她。

———

此时在我们脑海中驰骋的这匹马是一匹母马，在欧洲孕育、出生和长大。

看：破晓时分，马厩里还是一片漆黑，稻草般寂静，在这幽暗之中，我们看到了她的诞生，她的蹄先出来了，从温暖的母体内的海洋里游了出来。小脚丫，她的蹄子像波浪，她猛烈地俯冲向大地，十分惊奇。她的母亲拱了拱她，鼻翼颤动，直到小马驹睁开眼睛，站立起来。小马驹在我们眼前成长。她茁壮成长。在草地的阳光下，她只需轻咬母亲的乳房，就会得到甜美的乳汁。她第一次奔跑，就能享受速度和微风带来的快感。她的血统纯正，和她的母系祖辈一样聪明伶俐。在她的每一代家族中，不同的人反复说着同样的话：好姑娘，好姑娘。

一旦断奶，她就开始接受奴役训练。她发现，她生命的意义就是承载人的重量,她学得很快,马镫、马嚼子、缰绳和鞭子的使用方法。她很快就被人卖掉了,离开了自己的母亲;她再也见不到母亲那双深邃的眼睛,而是开始熟悉骑兵马厩里松脆的稻草、铿锵的刀剑、火枪强烈的味道、泥土中的血腥味、山毛榉树下的蓝铃花荫以及秋天的苹果。这匹马是荣耀,也是仆人,是速度,也是死亡判决书,她把每一个角色都演绎得无可挑剔。湮灭:最终,她会把死亡带给她的主人。然后,作为回馈,主人的死亡也将她引向死亡。

无论《挽歌》如何广为流传,无论有多少研究的学术著作,一个细节总是被忽略:我们从不知道这匹马的名字。我没法杜撰一个名字,只好将她归入"无名者"之列,使之成为这个故事中所有其他女性缺席者中的又一位。

我想让你知道,她曾是一个女性。
我想让你知道,她曾是,一个女性。
我想让你知道,她曾经是。

―――

我能给予艾琳·杜布唯一的怜悯,就在于我要如何讲述接下来的故事。所以,请允许我暂时给她一些安宁。我可以描绘她在打瞌睡，脸颊贴在手臂上。我可以描绘她在写信，给钟上发条，或是在训斥一个小男孩。然而，我描绘她正在她最喜欢的蓝色花瓶旁边，在拨弄小苍兰中的玫瑰花的茎。我尽量让这一刻停留得更久一些，但是，很快，避无可避的事情就来了。一些树叶上的闪光将她的目光引向窗外。马蹄声惊扰了她的眉心。时钟兀自走着，嘀嗒，嘀嗒，然后她看向院子里，拖曳的缰绳，湿漉漉的，马鞍，空空如也。当她的目光碰见马的目光时，她迅速解读出那眼神中的意味。那她要怎么做呢？她会寻求帮助吗？她会派遣信使去找鲍德温一家吗？她会叫仆人去通知地方官吗？都没有。艾琳，我们的艾琳，她没有时间思考。她纵身一跃。

> 我大跨三步，首先越过门槛，
> 然后冲到大门，
> 最后冲到你的母马身边。

她用四肢夹紧马儿，马儿飞奔，她也飞奔，她们狂奔了四十多分钟，精疲力竭的母马向上攀越潮湿的土地，向下穿过坑坑洼洼的鹅卵石滩和水坑。马儿在苏拉内河[1]和

---

[1] 爱尔兰科克郡境内的一条河流，最终汇入利河。

福赫里什河[1]流域奔腾,在荆棘丛和树枝下的泥泞小道上穿行,越过牧场、溪流和牛粪,艾琳·杜布既不知道她们的目的地,也不知道等待她的是什么。她们行进时,谁在看着她们?乌鸦。乌鸦们知道。在这种时刻,路边的灌木丛也模糊不清了,艾琳仍然紧紧抓住不放,她抓紧了那头兽。她继续往前,继续,继续,直到停下来。每次读到下面的诗句,我都会再一次为她心碎。

> 快一点,我拍着手,
> 快,快,我狂奔,
> 快得不可思议,
> 直到你出现在我面前,
> 你被一个驼背小人杀死了
> 没有教皇,没有主教,
> 没有神职人员,没有圣人
> 没人为你念诵悼词,
> 只有一个满脸皱纹的老太婆
> 用她的披肩裹着你。
> 亲爱的,你的鲜血如瀑布般溢出,
> 我擦不去,清理不掉,不行,
> 不行,我的手掌捧成杯子的形状,

---

[1] 苏拉内河的支流。

然后，我大口大口地把血咽下去。

这个满脸皱纹的旁观者是谁？在我看来，这位陌生老人也许就是艾琳本人的化身，晚年的她作为一个无力回天的目击者归来，她改变不了任何事情，只能站在那里，直到年轻的自己匆匆赶来，这个年轻人的身体里，胎儿还在时刻不停地躁动，一个即将夭折的胎儿。她看着年轻的自己倒下，对阿特的遗体号哭，直到那些元音变得模糊不清，开始形成文字，这些文字不知何故唤起了她母亲的声音，还有她母亲的母亲的声音，她喉咙里发出了整个女声合唱团的合唱，都在哭诉此刻的痛苦，这些声音全部手拉着手，回荡在痴狂的古老文字里。某种魔力将这一私密时刻公之于众，将这种粗砺的、未经修饰的声音表达出来，使它成为艺术。马儿听到了那动物般的号叫，站了起来，她的额毛垂至蹄骨，马蹄擦拭着地面。

然而，这位神秘的老妇不仅是老年艾琳·杜布的化身。她既是你，也是我。我们都被束缚在那个奇怪的身影里；我们透过她的眼睛向外窥探，她的黑斗篷包裹着我们。我们一起弯下腰，把斗篷披在阿特的遗体上。我们奉献自己，为他提供一点庇护。我们和她站在一起，为他哀悼。这个陌生的妇人是我们所有人。我不会让艾琳·杜布独自承受这一切，你们也不会。让我们站出来，和她站在一起。别让理智打扰这一刻。不要连这一点都剥夺了。

阿特死后的第一夜,天从没有这么黑过。阿特的马不在了。几个小时前,她被一个陌生人牵走了,虽然她呜咽地用她的欧洲语言咒骂着,没人发现她的马蹄声已渐行渐远。

磨坊的门虚掩着,缝隙中有烛光闪烁。两个男人把村里最结实的门从铰链上拖下来,扛到这里,放在一对木桶上,然后抬起阿特的遗体,把他放在门板上——这行为十分慷慨。艾琳坐在一张不稳当的凳子上,她的身体晃晃悠悠。她将丈夫的左手紧紧攥在她的手里,而她丈夫的右手则掌心摊开,置于一个空钥匙孔之上。她不指望母亲能来紧紧拥抱她,但每当门发出吱呀的声音,她都会情不自禁地抬起头看上一眼。

阿特的嘴张开,眼睛却紧闭。雨水悄无声息地沿屋檐滴落,在角落里发出节拍器一样的声音。天越来越冷。墙边站着一群磨坊女工,她们面容黝黑,神情肃穆。艾琳怨恨她们没有和她一起啼哭:"让我万分悲痛的是,/她们中没有一个人会为他流泪。"大雨滂沱。雨越下越大。听:雨水滴答滴答滴答地落在陌生人的私语中,落在断断续续的抽泣声里,落在轻微的哀悼声中,然后,悲伤的人们陆续向门口走去,挤在门外,抬起眉头,耳朵贴着嘴巴,嘴巴贴着耳朵,流言四起。远处,河水哼唱着古老的歌。

艾琳的右手伸向自己满月一样浑圆的腹部，但她的左手仍然紧握着他的手，因为只要她握住他的手，她的温暖就能帮他抵御他肢体的寒冷。此刻，她的脊柱挺直了。此刻，她要开始了。此刻，那些话语又来了，那些在山上开始说的话，当时她的下巴还因为他而湿红，只有一只动物和一个陌生人陪伴着她。此刻，她开了口，冰冷的磨坊里，农夫、讲闲话的人、磨坊女工和陌生人都沉默了，只剩下她的声音。

如果不是因为她的声音，我本可以周日午后在家里，和家人一起玩捉迷藏、看老电影，或切切烤鸡。然而，我却再次把女儿留在她父亲的臂弯里，让她喝饱牛奶后，睡在温暖的怀抱里。我缓行至一家小饰品摊位附近，把车停靠在摆放着一些物品的路旁：一把炉边椅、一辆儿童自行车和几扇旧大门。当我关上车门，惊扰了卡里加尼玛的屋顶上的一群椋鸟时，我想，我来了——即便我是个愚钝的侦探，我也还是忠诚的仆人。

最近，我疲于奔命，从自己的生活中抽身出来，去另一个人的生命里探险，我开始为自己的行为感到不安。我的努力是否真的比最初吸引我的传记里那些突兀的句子更有用？我怎么胆敢窥探一个人一生的私密时刻，在没必要的地方缝缀花边？

尽管找不到任何有关当晚天气状况的记载，我的白日梦为这个村庄策划了一场雨，让它进入艾琳·杜布在其中号啕大哭的磨坊。如果我想让她的感受变得真实，却又让她像一只提线木偶，那么这又令我……像个什么呢？我在街上游荡，寻找磨坊的遗址，偷偷溜进车道，查看棚屋后面，雨水打湿了我的脸。我在村子里又走了一圈，试图找到磨坊的遗址。我再次失败了。我辜负了她，辜负了你，也辜负了我自己。

我浑身发抖，黯然神伤，走向唯一一扇敞开的门。在路旁的摊位后面，挂着一个牌子，上面写着"老古玩店"。店内摆满了残缺的旧家具、足球队回忆簿、煤气灯、镜子和缝纫机。细雨变得猛烈，敲打着屋顶，那是我熟悉的一种渴望：让我进去，让我进去。一个男人从拐角处出现，挥挥手，然后消失了。我的手掌停留在一个高大时钟的有裂纹的玻璃上，钟柜上有细小的锯齿状碎片，匙孔空空如也，钟门虚掩着。我把手伸进去，想摇动钟摆，然后我注意到旁边一只有缺口的小吃盘，上面画着一轮苍白的圆月照耀着被墨水染成艳蓝色的村庄，小小的一对璧人在溪边流连。我看得入了迷。旁边一只丰满的花瓶闪耀着蓝色光芒，如同德林内恩的秋潮。

花瓶和盘子一共花费我三枚硬币：我心满意足地离开

了。屋外雨过天晴，溪水淌过石头，冰冰凉凉，欢快地迎接我的脚趾。这溪水一定曾经推动过磨坊的水车轮，那流动的力量让磨盘转了一圈又一圈。听，溪流在说话。听吧，听吧，听吧，听吧。我听着——至少，我试着这么做了。

———

在德林内恩，如果一个女孩迷失了方向，感到害怕，她可以让潮水的声音做她的罗盘针，也可以呼唤她的双胞胎姐妹的帮助，这样就能找到自己的方位。我们不知道玛丽有没有去那晚的磨坊，拉住妹妹的手。这似乎不太可能，因为《挽歌》中有一整节诗都在诅咒玛丽的丈夫，那个"满口胡言的小丑／满脸横肉的窝囊废"。他到底做了什么会引起她如此强烈的厌恶呢？奥康奈尔夫人赞许地写道："鲍德温先生放弃了那匹母马，在当时的法律状况下，这是他为寡妇和孩子们所能做的最明智的事情。"也许是明智的。却也是残忍的。在最初的悲痛欲绝的时刻，艾琳抬起脸，红着眼睛，疲惫不堪，然后被告知，阿特心爱的母马被送给了下令谋害他的人。

每年秋天,当树叶开始做起金色的梦的时候,德林内恩的夜潮就会闪烁霓虹般的荧蓝色。浮游植物在夜潮中涌动,每一朵浪花都簇拥着微小的磷光粒子,直到小小的闪烁斑点越来越亮,然后再逐渐暗淡下去。要让人肉眼感知到这样的生物荧光,夜色一定极深。

阿特下葬后,艾琳躺在远离海岸的黑暗的寝屋里,哼着歌儿哄孩子们入睡。很快,她成了唯一醒着的人,直到这时,盐分才溢满她的脸颊。接下来会发生什么,艾琳不知道——但我们知道。死亡在召唤着死亡。头顶上,黑鸟的影子若隐若现。

我在家时,尽量让自己从艾琳·杜布的生命漫溢出来的黑暗中振作起来。我尝试通过例行公事的扫地、擦地、除尘、擦洗来分散自己的注意力。我坚持完成我所有的小型仪式。我囤积面包屑。

每一天,我趴在地上,为了从桌子和高脚椅下抠出更多的面包皮,我得爬过黏糊糊的香蕉碎、酸奶和踩碎的葡萄。

我每天趴在地上捡面包的月牙形碎屑,它们还是湿的，是用牙齿咬的，用小手捏的，我的膝盖脏兮兮，但很值得，因为正是这些面包屑让我获得一天里最奇怪、最珍贵的时分——我将听到乌鸦呼唤我的名字。

我把一整盒拼图倒在孩子们面前，然后将他们丢在身后，让他们忙活起来，我走进花园。这绿茵茵的地毯，凉爽而柔软。一只正在放哨的乌鸦立即向我赤脚踩着的地面伸出脖子，它眯缝的眼把我乱蓬蓬的头发翻译成它们给我起的名字。它张开它的喙，向山谷吼出这个音节，我看见它们都从树枝堆成的房间里站起来，叫嚷着，扑腾着翅膀，乌压压地向我涌来，它们大声问候我。

政府发布了全国范围的暴风雪预警，电视里显示面包店的货架上空空如也；现在，每个人都像我一样囤积面包。吃早餐时，我舍不得吃吐司。我饿得肚子咕咕叫的时候，也只是小口地啜着黑咖啡，仿佛每一口热腾腾的咖啡都会在我的身体里长出翅膀，丰茂而漆黑。

只消忍受一点点饥饿，就能养活别的生命。从高空俯瞰，我们冰雪覆盖的花园一定洁白得如同一张纸，而我就站在那里，一个女性的剪影，饥饿把我对半劈开，而我的头顶，上百只翅膀从天而降，剪落狂风。

10. 看不清的两条路

> Buail-se an bóthar caol úd soir
> mar a maolóidh romhat na toir,
> mar a gcaolóidh romhat an sruth
>
> 踏上东边那条羊肠小道吧，
> 那里的每棵树都为你跪着，
> 每条小溪都为你变窄
> ——艾琳·杜布·尼康奈尔

1. 乘客当司机

在夜幕下的城市，黑暗很容易被遮蔽。路灯的光晕彼此靠得很近，琥珀色的光圈不间断地扑向我们的汽车，稳定的光线映在方向盘上，映在我爱人的手上，点缀在他刻有我名字的结婚戒指上。

他开车时，我喜欢坐在副驾驶座——我喜欢看他的手,当他要揽过我的脑袋亲吻我时,他的手会拨弄我的马尾辫。

我也喜欢看他的脸,如果他感觉到我的目光落在他身上,他的脸上就会绽放出笑容,我知道我们很快就会到家,去看熟睡中的孩子们,然后他会把我推到墙上,直到我在他的掌心里呻吟。我初次与他接吻的那个夜晚,我们都还只有十九岁,虽然我从河边被救回来已经一年了,但我的头发还是湿漉漉的。和他在一起,我终于开始笑了。他既不是大张旗鼓也不是光彩照人地进入我的生活的。不存在私奔。他就这样走到了我身边,带着轻松的笑容,穿着旧T恤和破牛仔裤,还有他最爱的足球。现在,我们的车正行驶在年轻时携手漫步的路上,速度更快了。

越接近郊区,路灯的间隔就越大。黑影在他脸上移动,它们潜入又消散得如此之快。我们一起匆匆穿过那些小黑点,对保姆来说,我们回去得有点晚了,而我们彼此又有点饥渴。前方,车外仍然间断地亮着灯,照耀着我们的车,但黑影越来越长了。我没有注意到哪盏灯是最后一盏。

在T字路口,我们的车灯起不到作用,两束黄色的灯光直指前方,只能照亮一片黑莓灌木。尽管我们没法透过挤在玻璃上的结结实实的黑暗看清任何东西,本能和习惯让我们的头往左偏,往右偏,再警觉地往左偏。在周围没有灯光的情况下,他继续开着车。发动机沉闷的轰鸣声把我们震进前方伸手不见五指的黑暗里,我的心在颤抖。我不确定对他的渴望能否挨到回家,也许,我想,也许我可以让他找一个安静的通道,找一个秘密的地方,我们可以——只要一小会儿——但此时我们正在转弯,此时他正在猛踩刹车,此时我们的车尖利地"嘎"地一下急刹车,我脖子都疼了。

我们都抬起双手,这是我们用来抵挡突如其来的光线的脆弱的盾牌。我们都没有说话,但我们都看到那个男人站在一辆出租车旁边,他脸上没有表情,而另一辆车的危险指示灯则由深红闪变成深黑,又由深黑闪变成深红。在那个人的后面,我看到了另一个人,也可能是两个人,他们都在打电话,而在他们的下方,此刻,我看到了什么。有个人。一个轮廓,平躺在那条白线上。一个身着迷你裙和细高跟鞋的轮廓。一个正在扭动的轮廓。一个女人。

这个斜坡的道路在最高处和最低处都有大幅度的拐弯,若一个年轻女子硬要在黑暗中独自躺着,这是我能想象到的最危险的地方。"不,"我丈夫说,"不。不要。"但我已经"咔嗒"一声打开了安全带,"咔嗒"一声拉开车门。"不,"他又说,"已经有人在帮忙了。"但是我已经站起来了,从车里探身出来。或许更好的妻子会顺从,让别人来解决这场未知的危机,也许更好的人会随车一走了之,但我听不见他的声音了,因为我现在正在黑暗中奔跑,奔跑,跪下来,触摸这个陌生人的肩膀,询问她的名字。

我没有看到血迹,也没有发现骨折,但她在号叫,在摇晃,摇晃,从左边扭到右边。又一辆汽车轮胎发出刺耳的尖叫声,歪歪斜斜地停在我们后面,而当我回头看时,我仿佛看到我丈夫的身影在驾驶座里退闪了一下。出租车司机走过来,夸张地耸耸肩,抬起胳膊,摊开手掌为自己开脱,他语速飞快。"我没碰她,我发誓,我接她的时候,她正在和她的朋友打架,她正中他的脸,然后他踢了她一脚,正中——"他的手指向自己的裤裆,"——然后她就跳了进来,号啕大哭,你知道的,然后我减速,问她还好吗,结果她冲下车,可我又不能把她留在这儿,对吧。但如果她不走,我也不能把她拖上车,而且——"他的电话响了,他转身去接,一边接一边还在抱怨,"——她这样下去会把我们都害死的,自私的婊——喂?是的,听着,我会尽快赶到你那里,只要——"

这女人没有说出一个字眼,但她打战的牙齿间发出了低沉的号叫。

我被母性的冲动紧紧抓住,我想要抱住她、安慰她、保护她,但最重要的是,我有一种冲动,想要背诵那些神奇的句子,这些句子总是能让人复原,让人从恐慌中恢复平静。我用手托起她的脸,我的眼睛看着她的眼睛,我说:"一切都会好起来的。"我扶起她悲伤的身体,引导她向前走,我的手掌轻轻地扶着她的肘部。当我们一起在黑暗中行走时，我的耳朵和眼睛都保持高度警觉，生怕会有一辆车在转弯时速度太快而停不下来。我知道我帮不了她，但我会尽我所能，把她安顿在车里，我轻轻抚摸她的头发，直到她的啜泣声缓和下来。我问她是否需要上医院，她摇摇头。我问她是否想回家，在车里是否感到安全，她点点头，于是我给她系上安全带，关上车门，后来再也没有见过她。

而当我回到车上时，我的手颤抖得厉害，根本没办法扣好安全带，我丈夫怒气冲冲地把安全带插扣塞了进去。他很生气。"那个女孩喝得烂醉，明天她都不会记得你了。你差点害死我们，"他说，"你这是为了什么？"我想问他为什么没有一起帮忙，但他甚至还没来得及拧钥匙，一辆面包车就转弯开了过去，它的速度留下的回声把我们的车都震晃了。我清楚地看到，当时：在这个盲弯道上，我抛弃了他，跑进黑暗中——是无畏，还是愚蠢，或者两者兼而有之——我的行为使我们俩都陷于危险。对他来说，我只不过是打断了已经得到控制的局面：那里还有其他人，他们肯定会摆平这场混乱。而我曾经看到过男性的影子落在一个躺在地上的女人身上时的截然不同的情况。拧车钥匙的时候，他的嘴唇紧绷得发白。

他几乎从不会如此愤怒，这令人震惊。我向他道了歉，我们在接下来的行车途中沉默不语。我也纳闷为什么内心深处会有这些冲动：赶快道歉的冲动，还有让我冲进黑暗的冲动，那冲动随时可能涌起，比神经元的突触的闪光更快。太快了，理智的呼喊已无法阻拦。我想为一个人做一件正确的事，却危及了另外一个人；我努力帮助一个陌生人，却让我的丈夫和孩子陷入危险。我甚至没有犹豫片刻，考虑一下他们。即使是现在，我们的汽车加速行驶，我仍在为自己的成就感、为他人奉献微薄之力的喜悦，以及施以善意却不求回报的兴奋感而激动不已。然而，我并不觉得自己的行为有什么值得称道的地方——我感觉好像是被某种强大到无法抵挡的力量驱赶到了黑暗之中。我们的本能是多么神秘啊，这些突如其来的引擎一般的冲动轰鸣着将我们引向另外的结局。

回家途中，我一直在想他的问题，"为了什么？"刷牙时，他搂着我亲吻我的脖子入睡时，我还在想这个问题。

在黑暗中，我意识到，只有一种解释能说明我也有所收获，但这太深奥了，很难让他明白，而且我也不忍心叫醒他。索性告诉你吧。也许最初是熟悉的"奉献出我自己"的感觉让我从车里跳出来，但我躬身走在那条路上的时候，天太黑了——宛如一条河——黑得足以在我内心深处搅动起某种古老的感觉。扶起那个陌生人的时候，我成了另一个人的影子，那个人曾在另一个夜晚把曾经哭泣的、醉醺醺的我自己从另一条河的栏杆边扶了回来。摇晃她的时候，仿佛我也在摇晃过去那个痛不欲生的自己。也许那个时刻蕴藏着某种相等的关系，某种奇怪的互惠关系。我低声对一个陌生人说，一切都会好起来的，也许我是在为我们所有人的悲伤和痛苦施咒，为她的痛苦、他的痛苦和我的痛苦施咒，而且说不定这是真的，说不定这次真的会好起来。说不定已经好起来了。

11. 司机作乘客

很久以后，又一个周五的夜晚，我独自在河底深处驰行。即使顶上的世界漆黑一片，这底下十分明亮。我想象着隧道外搅动的看不见的景象：汹涌的液体层层叠叠，啪嗒作响，浑浊、黑暗而又湍急，承载着簇拥成群的鳟鱼和梭子鱼，它们甩来甩去地沿弧线运动，无数双眼睛、无数颗心脏在湍急的河水中匆忙穿行，月光在河面跃动。在河底，我正穿过一条闪耀着荧光的隧道，收音机的声音非常响亮，那低音有节奏地震响了我的胸骨。当隧道里的道路向西拐时，我再次踩下踏板，冲入夜色之中。

故乡有人邀请我回去朗诵我的诗歌，所以我沿着这条路回到了湿润窄小的田野，在那里，我家族的无数化身在一个又一个清晨、一天又一天、一个又一个世纪中醒来。以磁铁般的速度，我闪过一个又一个重复的路标——[慢][慢][慢]——闪过漆黑的窗户，闪过像山一样的两匹在树影中打盹的马的剪影。这就是回家的路。我使用的动能较为现代；我祖母的母亲最快的移动速度是骑马飞奔的速度。穿过绵延数英里的乡村夜色，我的四只车轮飞速旋转，像四只钟面，承载着上面纤薄的金属容器，里面很暖和，盛满音乐，还有一个温暖的身体，一颗小小的心脏在跳动，一张嘴在唱歌，那就是我。

世事从如常到无常，只需要一瞬间。我在阴森恐怖的慢动作中，发现向我靠拢的灯光并非来自高速公路对面的无辜光束。

不，这些车灯正向我移来。错了，我想，走错了。迎面而来的车的车灯变成深红色，然后变成白色，我异常清晰地体验到时间变慢了。车撞上了车道分隔栏，开始在两条车道上疯狂地胡乱打转，然后我瞥见了车后还有别的东西在动——另一辆车，也在旋转——而我的车重量较轻，正势不可当地撞向两辆车，两辆车都在旋转，就像遥远太空中的平行线，各自旋转着，而我则紧握方向盘，咬紧牙关向它们冲过去。收音机还在播放，但我听不见声音。我什么也听不见。

我整个人受到惊吓，念起古老的咒语，低声呼喊着"神啊，神啊，神啊"。我呼吸急促。我是一块碎片，各种各样的人类经历和特质交汇而成的脆弱精华，最终造就了我，一个生了四个孩子的女人，一个在家务劳动和白日梦中虚度光阴的女人，一个活了三十六年之后在高速公路上惨死的女人。我的脑海中闪现出我的孩子们，他们依偎在一起做着美梦，而我的丈夫在楼下喝着啤酒，看着电视上的体育节目，对我的境况全然无所知。我的心很痛。

哦，上帝啊，我的天啊。我嘴里还在默念着，车子就撞上了。

当我在紧急停车带以外的深泥中滑出一道弧线，第一辆车旋转得比之前更快了。我的车轮也旋转着打了滑。我痛苦地皱起眉头，感觉到碎片在车底剧烈地滚动和撞击。许多塑料、金属和玻璃的碎块都在空中飞舞，向我的车底猛烈冲击，嵌入道路边缘。我的车向旁边滑去，方向盘像挨了一耳光似的迅速从我身边抽离。我好不容易把方向盘扳回来，此时思绪却飞到了远方，想象或许有那么一天，一个陌生人躬身从泥土中拾起一块碎片，好奇它破碎的那一刻发生了什么。我依然紧握方向盘，依然喊着"神啊，神啊"，车子依然高速地向旁边移去，两辆车依然在旋转，相互推挤，此时，即便这些车中有人类的影子，我也看不见他们。我仿佛独自一人在黑暗中，双脚踩在踏板上舞蹈，绕着一对旋转的空车打转。

然后，令人震惊的是，我开过去了。我已经开过去了，我想，我成为了过去，我已经不在人世了吧，然而不知何故，不知何故，我还活着。我的手抑制不住地颤抖，我发现我在流泪，虽然我不知道眼泪是什么时候开始流下来的。我还在喘息，嘴里还念叨着"神啊，神啊，神啊"。

我强迫自己停下来。我吸了一口气,打开双闪,熄火,然后拨打急救电话。我的手颤抖得厉害,费了九牛二虎之力才拨通电话。

一位格外冷静的女士记录下了我说的细节,请我"再说一遍"。我一边说话,一边四处乱瞟,尽量看看旁边,看看后面,看看前面,但外边儿太黑了,我什么也看不见;我的后视镜里看不到东西,但又感觉全是车。我问她我该怎么做,我再次交出了自己;我把决定权交到了她的手里。我问她我该怎么做,我需要权衡,是否应当再次冲入黑暗,同时得小心不撞上别人的车。我问她我该怎么做,她知道答案,她坚定而明确。她禁止我回到其他车辆那里。她命令我继续行驶,"是的,立即,马上",因为她担心会造成更大的事故。她权衡了我可能对别人的帮助和我可能给他人带来的危险,告诉我必须离开。

我照她说的做了,我的掌心汗湿,握不住方向盘。也许从来不是我想的那样;也许我们都能根据自己所处的道路选择不同的方向。也许,我们在白天和黑夜中体验到的万花筒般多变的自己,其实无所不能。

在这个特别的夜晚,一个平静的声音告诉我该怎么做,而且这一次,我没有违抗它。这一次,我看到了命令中的意义,我服从了。我感谢电话里的声音。我说了再见。

我的后视镜全都漫溢着黑色。我拒绝了自己的冲动,感到很痛苦。我想帮助别人的愿望并没有随着我的加速离开而消失——它纠缠着我,在我行驶的黑暗中无情地发出刺耳的声音。我身后是否留下了号叫的人?第二天,我将花费数小时搜索当地的新闻报道,寻找一切有关严重撞车事故的信息,但一无所获,不过这时的我还不知道。此刻,我遵从别人的指引。我驶离了这条路。

11. 污点。污点。

> Thugas léim go tairsigh
> 我大跨三步,首先越过门槛
> ——艾琳·杜布·尼康奈尔

筹谋一两个复仇计划,或许能让人从痛苦中稍稍分心。

在兰令宅邸,艾琳·杜布悲痛欲绝。她也在密谋。

悄悄地,用手指挑开马厩的门闩。
悄悄地,千万悄悄地,用粗麻布袋裹住马蹄。
悄悄地,绑好麻绳,拉拽绳子。

艾琳·杜布迎来回家的母马时,她的眉毛和这头小兽的眉毛一样柔和:两张面孔,各自都氤氲着女性温暖的气息。

然而,其他人却开始担心起来。如果莫里斯发现了这起盗窃案,他将施以怎样的惩罚?在此情形中,任何人能想到的唯一自保的办法就是隐瞒;这样的麻烦必须隐瞒。

枪声在院墙上激荡。又一次,母马的双腿像小马驹一样颤抖,子弹射入她的身体,在她的皮肤上拨弄出迟缓的波纹,让她的蹄子再次掀起波浪,冲撞大地。又一次,泥泞中的血液温暖湿润地蔓延。她一动也不动了。她的遗体现在可以被埋在任何地方,但她的脸却不能——她的独特标记仍然能让人辨认出她是阿特的马。于是,务必进行必要的分离,用刀刃来来回回切割。炉石像门一样被推到一边。人们用铲子挖出一个房间,她的脸必须留在里面。成为石头底下的颅骨:当艾琳坐在炉火旁时,她从不孤单。

枪击案发生后的几周内,验尸官召开了死因调查会。调查结果与先前地方法官的宣判不同——谋杀这名"逃犯"并不合法,他们决定"裁决亚伯拉罕·莫里斯和一众士兵犯有故意和肆意谋杀阿特·奥劳赫尔的罪行"。

所有涉案士兵都被送往当时的"东印度殖民地",包括用火枪打死阿特的格林。莫里斯留在了爱尔兰,不过他很快就离开了汉诺威庄园的豪宅,转而在城中一家旅店找到了暂住之地。

在《挽歌》的一个诗章中(有人认为此章是阿特的父亲写的,但他似乎比阿特早逝数年),艾琳怒斥了给她带来这一切不幸的罪魁祸首。

> 莫里斯,你这个王八蛋;
> 我希望你受尽痛苦!
> 愿你的心脏和肝脏喷出恶血!
> 你长青光眼!
> 你的膝盖齐齐粉碎!
> 你杀了我的小牛犊,
> 全爱尔兰没有一个人敢还手。

也许复仇可以是利他主义的反面。当利他主义让人际关系出现偏斜,复仇则严格要求对等。以眼还眼。以牙还牙。

第二次报复发生在7月7日，阿特年仅十几岁的弟弟科尼利厄斯沿着泥泞的小道和鹅卵石路跋涉，来到了臭气熏天的城市下水道排污口。他知道莫里斯在博伊斯的旅店租了房间，于是他选择停留在哈蒙德巷附近某处，谨慎地贴在墙边。事后人们很是拿不准他使用了什么样的武器——地方法官后来说，他大衣底下可能是一把火枪，也可能是一支雷筒。当他注视着旅店中来来往往的宾客时，他的手指摩挲着冰冷的金属。天色渐暗。到了十一点，夏夜里的一些窗户内灯光点亮，而另一些窗户则陷入了昏昏欲睡的漆黑。在窗帘外，睡意开始编织人类梦境的奇异结构，而在街上，科尼利厄斯正打着哈欠。

屋内，莫里斯也越来越疲倦。他爬上楼梯，来到自己的卧房，锁上门，准备睡觉，这时窗外传来了微醺欢乐的声音。科尼利厄斯瞥见窗前莫里斯身影的那一刻，心如刀割，双颊绯红。他瞄准了目标。玻璃冰冷的碎片飞溅进卧室，莫里斯吓了一跳，踉跄后退。有几发子弹打偏了，正好嵌进他的窗户底部，但有一发子弹打进了他的身体，刺穿了胸腔和臀部之间的温暖地带。莫里斯的膝盖还没触地，还没发出第一声呼救，科尼利厄斯就已夺路而逃。他在泥泞的街道和暗巷中狂奔，他的心脏快要跳出来了，胸口剧烈地起伏，直到听见码头边河水波涛低沉的安慰，他才平复心情。不一会儿,他就站在了一艘船的甲板上,朝向地平线的方向。或许咸咸的海水溅湿了他的面庞。或许他的脸颊干干净净。

地方治安官很快发布了抓捕科尼利厄斯的告示,指控"向科克郡汉诺威庄园的亚伯拉罕·莫里斯先生的卧室开枪的人"。同时期的告示中,有一则指控"强抢科克的大龄未婚女子阿拉贝拉·艾伦,意图娶她为妻"的嫌疑犯和一则指控"抵押伍德维尔的托马斯·巴特勒的牛"的人的公告。莫里斯的同党们筹集到一大笔赏金,其中,时任国会议员的威廉·唐森出资逾四十五英镑,莫里斯本人也出了一百几尼[1]。在随后的几个月里,赏金越筹越多。然而,科尼利厄斯已经到了美国,再也回不来了。兰令的房间里永远不会再响起这兄弟二人的声音。

莫里斯尽管受了伤,却还没有死。他一瘸一拐地走进了阿特谋杀案的审判庭,然后一瘸一拐地无罪释放。1773年9月6日,《科克晚邮报》称:"上周六9月4日,亚伯拉罕·莫里斯因阿特·奥利里的谋杀案在科克受审,最终光荣地被判无罪。"莫里斯虽没有因为谋杀阿特而受官方惩戒,但他的伤口让他遭了罪;它一直没有愈合。多年来,他一定在高烧时的昏睡、反复感染和痛苦中啼哭,直到他想出了一个帮助自己康复的计划。他的财产将全部折

---

[1] 旧英国金币,1几尼等值1.05英镑。

成现金。1775年7月1日,《科克晚邮报》刊登了一则广告:

> 亚伯拉罕·莫里斯即将因健康原因离开,他的所有家具、公牛、奶牛、羊、农具等物品将在汉诺威庄园拍卖。

他要用这笔钱做什么?他会去哪里?两个月后,有了第二则告示:

> 科克,1775年9月25日。请亚伯拉罕·莫里斯先生的各位债权人将诉求寄给哈蒙德沼泽的詹姆斯·博伊斯,他将尽快设法清偿债务。

我看到的所有学术研究都断定莫里斯在受伤两年后死于伤口并发症——这是相当缓慢和痛苦的死亡。我可以理解这种推断的依据:若非如此,莫里斯借宿的那个小屋的房东为什么要代表他偿还债务呢?不过,我还是忍不住在墓葬记录里搜索他的名字。我失败了。我还没有找到亚伯拉罕·莫里斯死亡的证据。

———

我曾三次写信给兰令宅邸,但那所房子静悄悄的,没有回音。最后，我向一位好心的图书管理员倾诉，他很同情我，请了他的一位与现任住户共同的朋友替我说情。我得到的答复颇为决绝：这位女士希望保护她自己家的隐私。她的门永远不会向我敞开。我哭泣，我为自己哭泣，为你哭泣，也为艾琳哭泣。

然而，泪水过后，我感到心酸和愧疚，以致无法入睡。我躺在床上，设想若有个陌生人自以为是地闯入我的家，这会是多么令人讨厌。我开始憎恨自己，恨自己一再提出自私傲慢的要求。这一回，试图掌控生活的感觉又来了：尽管我不能改变曾经笨拙地闯入这位女士的生活的事实，但我还可以控制我的手的动作。在黑暗中，我的手机屏幕就是一支蜡烛。

很快，马克鲁姆的街道就会被鸟鸣声唤醒。会有脚步声，然后会有一把钥匙插进锁孔。一双手将收集我挑选的物品：白玫瑰、小苍兰、丁香花、石竹、康乃馨和菊花。那双手将用麻绳捆绑这些花茎，然后用玻璃纸包裹起来，再用丝带束好，贴上贴纸，送到艾琳·杜布的家门口。

指关节叩击大门的声音会轻快地响起。

另一边，是脚步声。钥匙转动的声音。

那扇门即使不向我敞开，也会向我的礼物敞开：一束花和一张写着"对不起"的纸条。然而，这安排不仅是为了道歉。它也是间接的进入。在兰令，我浅粉色的玫瑰花蕾将在黑暗中幽然绽放。在更古老的黑暗中，艾琳也是独自坐在那里，夜风中也弥漫着芬芳的气息。她赤着脚，脚下是一块炉石，炉石下是一个骷髅头，那骷髅温柔得像一枚掉落的玫瑰花瓣。

黎明时分，湿漉漉的脚印跟着我穿过露水凝重的花园，一只乌鸦在那里看我剪下一根茎。咔嚓。我把花插在我在卡里加尼玛寻得的花瓶里，我诡秘精心的手法让玫瑰香气穿越时空，同时在我的房间和艾琳的房间弥漫开来。这个湛蓝色的花瓶，与德林内恩五彩斑斓的潮水相得益彰，这些潮水至今仍流动着。

是谁在纠缠着谁？

德林内恩后来的主人——艾琳的哥哥摩利斯——仍然不肯原谅她。在他看来，阿特的死是艾琳的耻辱，而刺杀事件则是德林内恩的耻辱。1773年6月，他们的弟弟丹尼尔从法国写信来：

> 我听说了可怜的阿瑟·奥利里[1]的不幸遭遇。我实在说不出地震惊。与他短暂的接触让我对他的好感比初次见面时有所增加。我还预感到他的暴力冲动和

---

[1] 主人公一直被称作阿特，这个名字是阿瑟的简称。

不可理喻的脾气必将使他陷入不幸……不过，如果他的遗孤和遗孀还能得到一些照拂，也算是一种安慰吧……你这样慷慨，不会使她陷于不幸。我相信你现在已经忘了她曾经冒犯过你，请为她和孩子们付出你的情谊吧。

我没有找到摩利斯回信的记录。德林内恩的钱袋子资助了许多人，却不会为这位姐妹敞开。

八月，就在莫里斯被枪击一个月后，德林内恩举行了庆典。这对双胞胎的最小的妹妹南希要结婚了。艾琳·杜布不可能参加庆典，但玛丽去了，她带着丈夫和漂亮的孩子们，行李箱里装满了华丽的服饰。

离开德林内恩后的十年间，她蜕变成了一位魅力四射的社交名媛。玛丽现在是美丽的"克洛希纳的鲍德温夫人"，她以精致、优雅和高贵著称。1773年夏天，她已经三十岁了，是六个孩子的母亲。她在与人交往时光彩照人，成熟稳重。她为这一场合选择的礼服是如此精美，以至于她成了庆典上的话题人物。一个世纪后，人们仍在谈论这件事，就像奥康奈尔夫人记忆中那样。

> 朱莉安娜·奥康奈尔老太太还记得，小的时候，总听老人们说起鲍德温太太是个多么漂亮的女人，她总是打扮得光彩夺目，尤其在一些特殊的场合。她为

了南希的婚礼,把漂亮的女儿带来了。母女俩都穿着开襟长腰丝绸礼服,外面罩着蓝色缎面绗缝衬裙,尤为可爱的蕾丝帽子遮住她的金色头发,她十分明智地没有在头发上扑粉。[1]当她的哥哥丹看到这六个孩子时,他立即把这个小姑娘和另三个最漂亮的孩子认作是真正的奥康奈尔家的孩子,而可怜的鲍德温兄弟则笑着说,剩下的两个不漂亮的孩子属于鲍德温家族。

当艾琳·杜布的家人们在南希的婚礼上载歌载舞时,艾琳不在那儿,她已经不属于那里了。

在接下来的数月中,这些信丝毫再未提到她或她的孩子们。这就是兄弟之间的通信。我们或许可以像奥康奈尔夫人那样推断,摩利斯并没有被丹尼尔先前动情的劝告所动摇,因为三年后,丹尼尔又重复了一遍他的请求。1776年7月6日,他写道:

> 如果你能忘掉不幸的奥利里家的寡妇的过错,请你对她的苦难和不幸发发慈悲吧。我希望如此,并且这也是可能的,但考虑到她的过错,我不敢勉强你这样做。不过,我亲爱的摩利斯心地善良,什么事都有

---

[1] 指的是在头发上撒粉末或粉末状的化妆品,通常是用来增加头发的蓬松感或减少头发的油腻感,使头发看上去更加清爽、有活力。

可能发生。你只要听从自己善良的心去做，我就敢担保你会原谅她。

这是一种微妙的平衡，既要尊重一个族长的义愤，又要主张对寡妇的庇护。每次读到这封信，我都会为她兄弟的措辞"她的苦难和不幸"和"她的过错"感到忧虑。我们是否可以认为，他指的是阿特的死和她失去腹中胎儿的事？还是在这几年中她又遭遇了什么新的灾难？我不忍再让艾琳受苦。当我设想她这些年的生活时，我只看到模糊一片，像电视机无信号时的雪花屏。不过，奥康奈尔夫人要更乐观些。

她认为，艾琳和她的母亲最终达成了和解，玛伊尔"原谅了她……毕竟没有哪个女人会拒绝如此英俊迷人的追求者的恳求"。玛伊尔·尼·杜布懂得女性欲望的力量。

1791年，也就是阿特去世十八年后，艾琳最后一次出现在家书中。她不再是"不幸的奥利里家的寡妇"，而是又变成了"我们的姐妹内莉[1]"。四十八岁的她，被简

---

[1] 奈莉的昵称。

化成一个昵称，一个被男人们在纸上用鹅毛笔匆匆写下的名字。我一直没能找到我心爱的亡魂的死亡日期和墓碑，但每次重读她兄弟们的信，我都会为她名字的消失而神伤。

我努力想象她生命中的"小确幸"，她所看到并从中获得快乐的一切：看见她的孩子们开始奔跑、骑马、读书，他们的脸上洋溢着阿特昔日的笑容。蝙蝠和燕子的飞翔。树枝年年生长，叶子变成金色，飘落，然后又萌发绿意。那些她的梦的碎片、她的挫折、她的捉襟见肘、她的清单、她的排卵痛的日子和擦拭铜器的日子、她为喂饱许多张嘴而节俭的晚餐、她面带微笑勇敢面对困境的缝补衣物的日子、她没有信件和没有姐姐或弟弟的消息的日子、孤独的日子、洗衣服的日子。

她的孩子们在花园里、在马鞍上、在马车上向她挥手，他们离开时总是挥手。他们挥手，她的孩子们。他们不停地挥手。

12. 征兆：飞机与椋鸟

胎盘 / 余烬

十一月的黄昏，我推着熟睡的女儿走在科尼利厄斯曾经走过的那条城市小道，忽然听到椋鸟的叫声。然后，我看到了它们——二十多只鸟，爪子紧紧抓住前方画满涂鸦的建筑工地临时围板。它们就像一排酒吧 DJ，仰着脖子，跟着节拍点头，然后一喙接一喙地开始混音高歌。首先是留在它们记忆中的火警警报声，然后是一段人类的说话声，接着是汽车的点火声，夹杂着合上垃圾桶盖时塑料接口旋钮的声音，打火机的"嗞嗞"声，又是火警警报声，火警警报声，火警警报声，声音越来越高亢，直到它们的旋律变成尖叫。一再重复。重复。

这些鸟儿很聒噪，我的女儿却睡得香甜。我不知道她是不是正把它们的歌声织进她的梦里。

当我走近时，它们受到惊吓，扑飞上天：微缩的低语像深色的书页上翻腾的墨点。我不知如何解读它们的表现：这是要展示一种威胁，是对掠食者的警告，还是对这一天的欢欣告别？它们究竟想表达什么？我停了下来，脖子僵硬而不适。我看到这些阴森的东西在城市上空升起，想起了另一件事。我还没告诉你的事。在我去孕检的几周前，曾有一架飞机盘旋在这座城市上空，但它并不是在天空中穿梭。它飞在我的眼睛后面。我自己就是它载着人类飞翔于其中的那片碧空。虽然我还没有意识到，那架飞机，在它穿过我身体的时候，就成了一个预兆。

梦境总是以同样的方式展开。我正闲适地观察一架飞机在城市上空攀升，上升的角度看似正常，但很快就不对劲了，越来越陡，越来越陡，直到极恐怖的是，它翻倒了，开始坠落，然后机头竖直朝下，快速坠落，直至坠毁，在街道上形成一摊火焰。每次飞机爆炸，我都会惊醒。直到现在我才明白，我的身体是如何拼命唤醒我，通过这架飞机，将正在破裂的胎盘转化成一种视觉语言，让我尽快采取行动。

它并没有成功；即便我对这一反复出现的梦境感到困惑，我从未自问这其中是否暗藏玄机。每天早晨，当我晃晃悠悠、两眼昏花地走进厨房时，我的丈夫都会亲吻我，微笑着说："你又梦见了飞机？"然后，我就去干活了，兴致勃勃地投入到一天的清单当中，一个字一个字地删除，一项任务一项任务地完成，每一次删除都是为了抹去这个梦给我留下的毛骨悚然的恐惧感。

我从未疑心过这个梦,直到我发现自己躺在医院的窗边,脸颊贴在潮湿的枕头上。我独自一人,望着蔚蓝的天空,那里点缀着只是偶尔飞过的鸟儿,以及飞机急促的轰鸣声,向地平线上的机场俯冲而去。我看到这些飞机一架接一架地降落,把游客安全地送到我梦里的那个城市,然后,我明白了。

我想起了前一天医生们的手术口罩之上的眼神。他们一定是像学者盯着空白手稿寻找线索一样审视着我不中用的胎盘。胎盘:一个红色的房间,它的不中用是平常发现不了也无法解释的,对于我女儿来说,它既是养分的来源,也是危险的来源。只有通过医生的警觉,这艘船才能成功地把它的货物带到我们的世界。

如果我们挫败了征兆中的厄运,征兆还会是征兆吗?如果竖琴的弦断了,但没有人死去,谁还会提起这事儿呢?

当我被告知应当惧怕的那些征兆——形单影只的喜鹊、破碎的镜子[1]——我会好奇,这些征兆带来的不祥之事为何并没有发生。所有的征兆都指向某个属于人类的严重后果,这些后果的奥秘如今已被遗忘,只留下闪闪发光

---

[1] 迷信的说法,认为单只喜鹊会带来厄运,而成双成对的喜鹊则是好运的象征;镜子不仅能让人看到自己的倒影,还能看到自己的灵魂,打破镜子就会走霉运。

的象征符号。当我们试图锁定厄运到来的那个时点时,我们可能会寻找一个征兆作为其前奏,因为找到这样的征兆,就能给混乱的世界赋予意义。在寻找征兆的时候,我们通常会找一只鸟。

1622年5月,也就是阿特死之前一百五十年的时候,我梦中的那个城市燃起了熊熊大火。火焰席卷全部道路和房间,几乎摧毁了它遇到的一切,无论是茅草和木头,还是鲜血和牙齿。在烟熏火燎的余烬中,一位幸存者推测,两周前的鸟事件一定与这场残暴的大火有关。一个征兆。一旦有人这么说,流言便迅速传播开来。他们说,是的,是的,这些鸟当然是火灾的征兆。他们都看到了那天聚集在天空中的两大群椋鸟,不是吗?他们也都看到了随后发生的鸟战,城市里到处都是身披羽毛的尸体。

起初没人理解这种现象,但这场大火突然使之变得合乎情理,因为这场火可以被改写为某个征兆的后果。涂满墙壁和屋顶的鸟血一定是对即将到来的火焰的预警。如果征兆不是为了翻译过去,使之符合新的情况,那它又是什么呢?

这些征兆飞入我们的生活,就像回声一样倏然而至。当人类想要试探回声,他们总是呼唤同一个词。

"喂?"

"喂?"

整个上午,两个陌生人在布利摩尔村挨家挨户地转悠。他们现在敲响的这扇门属于一栋整洁的小别墅,它坐落在一个整洁的小花园里,里面独居着一个整洁的小女人。这女人有三个名字。对她的朋友和邻居而言,她是诺莉·辛格尔顿或诺拉·尼辛迪尔,但是,当格里芬估价册[1]的两位官员前来检查她租住的房产,以确定土地估价的时候,她是霍诺丽亚·辛格尔顿(Honoria Singleton)。

她披着披肩,那是点缀着灰烬斑点的深色羊毛披肩,然后她小心翼翼地拼写着自己的名字。*是的,先生,H-O-N-O-R-I-A*。男人们的眼睛很快就适应了她茅屋里缭绕的烟雾,打量着她的物品——稻草绳凳、炉子上的水壶、一篮子泥炭、盛在有缺口的碗里的几只鸡蛋、一卷黑线旁的顶针、梳妆台、陶器、银剪子、她亲手缝制的黄色窗帘——但这些男人并不是来清点一个老妇人的物品的。她的房子估价五先令,而她那一亩三分地呢?一文不值。

---

[1] 爱尔兰的土地估价册。土地估价的目的是征税。诺莉的房子是租来的,而所有租户都必须向政府缴纳土地税。为了确定税额,政府需要知道租户所租土地的价值。

她的无形的传家宝既不值钱,却又无价——无数珍宝藏在她的身上。虽说对于不同的人而言,诺莉有三个不同的名字,但所有人都知道她就是歌曲和故事的百科全书。她的眼睛炯炯有神,总是歪着头。人们从遥远的地方赶来,坐在她身边,看她垂下眼眸讲故事。他们一坐就是好几个小时,陶醉地聆听她的声音。

诺莉一生高寿,有文化,她的家门总是为来访的音乐家和讲故事的人敞开。从优雅的兰令宅邸步行约八小时即可到达她家,艾琳·杜布的《挽歌》就是在这间小屋里第一次从声音变成文字的。

人们精心誊抄这首诗,使它从唇齿间传递到耳际,再传递到手上,纸上,再变成英文,这就是奥康奈尔夫人将其出版时所用的语言。我们无法预料,我们生命的回声将从谁的口中唱响。艾琳·杜布的声音回荡在我们耳畔,诺莉是这个声音的源泉,也是它所呈现的形式。诺莉是小小的椋鸟:她一开口,别人说的话就叽叽喳喳地传了出来。

在我的十一月,椋鸟正落在城市向西延伸的电线上。诺莉和艾琳都不认识这些电线,也不认得那些点缀在她们如此熟悉的地方的高高的银色电缆塔。不过,她们都会认识栖息在那里的椋鸟,它们整齐地聚在一起,叽叽喳喳地

把新学到的声音和很久以前流传下来的声音混杂在一起，在鸟嘴与鸟嘴之间传递，就像谈论八卦一样麻利。这些鸟从远处望去可能显得单调乏味，但细看就会发现它们的羽毛呈现出石油蓝色的虹彩，它们斗篷一样的羽毛上布满斑斑点点，像是星星，像是灰尘。

13. 击碎表面

> gur thit ár gcúirt aolda
> 我们明亮的家园摇摇欲坠
> ——艾琳·杜布·尼康奈尔

为了把衣服夹在晾衣绳上,我的手臂得伸向天空。那里,云朵奔涌而过,像洪水悬泻在银色和灰色的层叠中。我此时可能在水下;我可能呼吸着液体,仰望着头顶翻涌的浪花的彼岸。称之为云。

在一个十分古老的深夜,我们的城市躺在黑暗的山谷中。在一扇垂下窗帘的窗户后面,一个女人从噩梦中惊醒;即使在梦里,她的悲伤也无法平息。在可怕的半明半昧中,她看到自己的家园坍塌成一片废墟,土地干瘪,生

命殒尽,空气死一般沉寂,"盖拉赫[1]整个儿地枯萎殆尽,/再没有你的猎犬的咆哮/也不会有鸟儿甜美的啾鸣"。在她的时代,盖拉赫是一片古老的冲积森林,其间点缀着牧场和农场。很久以前,冰河时期,古根巴拉[2]的冰川崩解,大量融水孕育了这片土地。在洪水的涌动、挤压和撞击中,成群的碎石被堆成山丘。长出了小草。杂草。荆棘丛。慢慢地,这些古老的世纪过去了,山楂树、榛树、橡树和白蜡树孕育了这片森林,新的鸟儿在新的枝桠上唱着新的歌谣。不久,人类的声音也在这片树林中回荡,他们开始照料第一批奶牛,用盖拉赫的草料喂养它们,并挤出它们的奶。

妇女们在水桶、刷子、锅子和铲子的周围劳作,把衣服夹在晾衣绳上,把谷物抛给鸟儿,喂养小牛,一桶接一桶地舀出井水,削土豆皮,把孩子抱在胸前,叹息着、歌唱着、搅拌着,当其他人都睡下了,她们就在烛光下,弯腰曲背,缝补破损的衣裳的下摆,以免其继续破损。这就是艾琳·杜布所熟悉的盖拉赫:忙碌、喧嚣、生生不息。这里安静吗?不可能。

几个世纪以来,此地一直抵制着它的噩梦,让欢歌笑语和草皮炊烟轻快地飘在微风中。

---

[1] 距离爱尔兰科克郡马克鲁姆西南两公里的冰川林地和自然保护区。它是爱尔兰最后一片原始河岸森林。
[2] 爱尔兰科克郡一个风景秀丽的山谷,也是利河的源头。

对盖拉赫的第一次破坏发生在文字里。二十世纪五十年代，规划文件详细描述了一个水电站计划，其中包括建设水坝以及战略性泄洪的举措。人们举手，签署文件。一名男子举起一张地图，圈出了一个疏散区。其他人同意了。马车、奶牛、孩子，所有的东西都被牵走了，所有的财物和家具，椅子和桌子，篮子、锅和毯子，都被运到了安全的地方。人们走之前锁门了吗？他们是把钥匙留在匙孔里，还是用麻绳系在脖子上？远处是河流。每一道涟漪都像竖琴的琴弦一样紧绷，被拨动着，颤抖着。

残暴的液体来得粗鲁而迅猛，不敲门就把门推开，冲进私密的房间，寻找留下的任何衣物：破烂的、不合身的、没用的。洪水笑闹着，像操控木偶一样操纵这些肢体，晃动它们的腿和胳膊，直到它们变成破布，然后变成破布碎片，水一次次地舞动它们，直到每件破烂衣服的经线都从纬线中被拉扯出来。这是一场盛大而又平凡的肢解，说明声音景观可以被多么迅速地拆解破坏。我坐在火车上六个小时，这期间重写这些纸页，我脑海里一直想着那些洪水。我与陌生人同桌，他们越发醉了，笑得越发癫狂，用足球般粗壮的拳头捶打塑料桌，直到键盘震动了我的指尖。

不能退缩。每当我回过头来重写这些段落时，盖拉赫洪水泛滥的画面又会浮现在我眼前。当我输入"操控"这个词时，仿佛有一只无形的手拨动了时间指针，转动了某个秘密开关，我毫无察觉地开始流血。鲜血一滴一滴地落下，颜色越来越深。我用纸巾擦拭，却抑制不住它。又一个女儿，就这样消失了。盖拉赫空荡荡的房间内，只留下液体的回声。我的口袋里有一张纸巾，上面印着唇膏的印记，那是沉默的嘴唇留下的痕迹，每一个都像鲜血一样红。

我去的时候，水位很低，古老的树桩劈开水面，它们黯淡的根须向水里伸展，但是伸向哪里，我说不上来。我听说有时可以透过水面看到古老的屋顶，所以我向前俯瞰那些藏在深处的花园。水草全都颤抖着，鱼儿欢畅地游弋，像乌鸦飞翔在天空之中。我现在从很高的地方向下望，虽然我看不见它们——那些隐蔽的房间——但我的确感觉它们就在底下。女人们曾经在那里为婴儿哺乳，给羔羊喂奶，用疲惫的气息将蜡烛熄灭，愤怒地、渴望地，或是恐惧地呼唤她们爱人的名字，她们隆隆地咆哮着把新的生命从身体里推出来，小生命发出雷鸣般的哭声。哦，天啊，哦，天啊，哦，天啊，那些隐蔽的房间，她们在里面笑，也死在里面——那些房间如今还在，就在水面之上的某些地方，尽管没有人看得见。

笃笃笃——

谁在那儿?

再回到我自己的晾衣绳底下,我想起了那些女人。我像她们当初那样调整自己的身体:我抬头看。云层远远地悬浮在天上,好像洪水将要泼来。我们的过去深藏在水下。我们的过去淹没在别处。

———

就是在别处,岁月为玛伊尔染了灰白色的长发,将她所有鲜艳的真丝袍子叠进箱子,盖上盖子,锁起来。压抑的服饰取代了她的连衣裙,据奥康奈尔夫人说是"黑丝绸,搭配白色的头饰和围巾,以及朴素的亚麻褶边"。的确很简朴,但丝毫没有减轻她的优雅。

1795年,玛伊尔去世了。艾琳的妹妹爱丽丝为她恸哭。如果艾琳当时还活着,那她也该有五十多岁了,能亲眼见到人们摇摇晃晃地把她母亲的棺材抬往修道院岛。在那岛上,人们用锋利的刀刃划开深深的一道门,她丈夫的遗体几十年前便进入了那道门。就在那泥土的房间,玛伊尔·尼·杜布的遗体被放了下去。

黑夜落下了。

黑夜落在摁进海滩的所有的脚印里。

黑夜落入森林和菜园,落入马厩和远山。

黑夜也落在玛伊尔的屋顶上,逐一占据她家中各个房间,拥抱她生命中剩下的一切。那黑暗抓住她的银器,她的钥匙,她的镜子,她的柜子,她的儿子们,女儿们,在他们因为熟睡而合上的眼睛的外面,一切都是黑的,黑的,黑的。

墓碑很晚才送来,上面说她是"妻子们和母亲们钦佩和模仿的楷模"。当我第一次用手指摩抚这些石刻文字时,我笑了,但我确实钦佩她,难道你不是吗?

我又想起了孤身一人的艾琳,她的脚跟在炉石上嗒嗒作响。炉石底下是母马的颅骨,在眼睛曾经活动过的眼眶里,只剩一团漆黑。

一个世纪后,奥康奈尔夫人来到德林内恩,她着手整理房间里那些仍然回荡着玛伊尔生命印记的物品。她认为玛伊尔的遗物"超越了时间和命运的变迁"。她认为它们是顽强、安全的。但她错了。

当我来到这里时,又一个世纪已过去,不仅玛伊尔的所有物品都湮灭了,连她曾经走过的房间也被夷平。艾琳·杜布从小长大的家只剩下一些扩建建筑,还是在她著名的侄子丹尼尔生活的时期所建造的,如今他的家已被改建为博物馆。二十世纪六十年代,丹尼尔的故居首次移交给爱尔兰政府部门管理,此时位于建筑群中心的玛伊尔故居仍完好无损,但很快就被认定其结构不牢固。虽然官员们允许保留丹尼尔的房子,但他们认为,维护其古老建筑的费用过于昂贵。例行的行政程序开始了——有人举手,签署文件,然后,砰的一声巨响,玛伊尔的房间被夷为平地。

现在,我站在她曾经的地界,站在微风拂过的砾石路上,站在游客和导游中间,垂下眼皮,尽量不让自己感到尴尬。我像念诵祈祷词或咒语一样,自顾背诵着奥康奈尔夫人在此记录的物品清单。这些都是玛伊尔钟爱的物件。

> 古色古香的大银器、稀有精美的东方瓷器、走私来的洛可可风格的镜子、她和丈夫制作的深色红木家具、精美的黄铜制成的钥匙孔盖、巨大的中国瓷潘趣碗、蓝白相间的水果篮、用于搅拌果酱的长柄银勺(已经传到第六代)……

"钥匙孔盖"这个词对我来说很陌生。我在手机上查到,在十八世纪,它既指覆盖钥匙孔的华丽金属板,也指奶牛乳房上的特殊斑点和线条(被称为"乳镜",通常与奶牛的产奶量有关)。只有玛伊尔的钥匙能打开她的黄铜钥匙孔盖。如果她的每把钥匙都可以被看作一个字,那么她串起来的钥匙环就可以组成一个非常罕见的女性文本。这个文本在哪里？

我想象砾石路变成厨房地板，让许多忙碌的女人出现在我周围的房间。我对空气施展魔法，直到它充满蒸汽、闲聊声和热面包的香味。我继续冥思遐想，直到我几乎可以看见大厅和楼梯深处，进入另一个阳光弥漫的房间。在古老的客厅里，我的手掌停留在想象中的窗台上。在这些墙之间，我撩起木偶线，直到一丝气息唤醒壁炉，让三堆余烬再次起舞。我让这些窗户召唤黎明，让脚步踏过地板。

我把窗帘布置得恰到好处，把椅子摆放整齐，椅子上的坐垫饱满。我在墙上挂一面洛可可风格的镜子，用来反射晚上点燃的蜡烛，使其闪烁的光芒倍增。

玛伊尔的这种镜子应诞生于国外的作坊，也许是在法国。在那里，两片粗糙的玻璃被放到一起，中间只隔一层水和沙子，产生摩擦力，直到将两片玻璃的表面都擦得闪闪发亮。接着，在内部涂上一层银、锡箔和液态汞，进行抛光和倒角。它被装入镜框，用柔软的布料捆绑起来，然后被人抬过盐滩和激荡的沙子，越过海豚和晒太阳的鲨鱼，走向玛伊尔。当它最终被固定在德林内恩的墙上时，她一定是微笑着，第一次看到自己的眼睛映在上面。这样一面镜子刚到手时一定非常珍贵，它的优雅和罕见让它显得格外珍贵。然而，随着时间推移，当镜子被带到了许多其他家庭，这样的奢华很快变得司空见惯，直到这个物件成为那个房间的词汇中不起眼的一个。在拆除时,玛伊尔的镜子可能还在,也可能已经不合时宜,被其他更别致的风格所取代。

也许它已经掉落了,成为一个破碎的征兆。如果玛伊尔的镜子真的砸碎在了德林内恩的地板上,那么是谁来见证接下来七年的厄运呢?

我曾在古董网站上搜寻过这样的镜子,被它们错综复杂的镀金藤蔓和花朵所吸引。那个时代的古董如今已经非常陈旧了,它们的镜框经常被单独陈列,镜面玻璃被深色毛毡取代,让人联想到曾经映照过脸庞的深渊。"哦",这些空镜子似乎在说,

哦
哦,阴影,
哦,鸢尾花,
哦,失散的孪生姐妹,
哦,黑暗啊,
哦,哦,哦。

镜子通过不断变化的对称模式,诉说着反射和折射的语言。晃呀晃,昔日貌:夜晚,当玛伊尔的镜子进入梦乡,她将一面玻璃的忠诚抛诸脑后,梦见一张张故人的面庞。孕育她的工匠。用麻袋捆绑她的男孩。把布条拧成螺

旋形状的女仆。玛伊尔的哼唱声、钥匙的银色旋律和她的脚步保持着相同的节奏：永——远，永——远。玛丽从蓝白相间的篮子里拿出一个苹果。

奈莉停步对镜自照，把一绺头发塞回辫子里。镜子里的岁月就是这样流逝的：很快，太快了。有一天，它自己会消失，房间也会消失，但此刻，它们紧紧相依偎。镜子照着黑暗的房间，房间罩着黑暗的镜子。

~~~~

砾石路的那边，一群游客在礼品店和茶室之间漫步，这些人胖乎乎的，像学步期的孩童。我但愿自己也能像他们那样享受德林内恩的乐趣，但除了艾琳·杜布，我什么也没法想。最近我得到消息，我的一本书（其中一首诗的灵感源于艾琳）获得了文学奖，奖金丰厚，足以帮助我们支付首付款，购买一套属于自己的房子。我不禁感到，艾琳·杜布在这件事上帮了我一把，然而，我一心只想找到她，无暇庆祝。我羡慕这些游客的宁静从容，于是我模仿他们的样子，伪装和他们相同的笑容，跟随他们穿过博物馆，经过丹尼尔·奥康奈尔的陈列馆，他的牌匾、他的金马车、他的由皮革装订而成的许多的书，甚至他的临终病榻，所有这些都保存得完好无损。一位伟人。哦，一位伟人。

我找到一位导游，向其打听玛伊尔以及她的女儿们，得到的回答是点头微笑和一句"不重要"。

我皱起了眉头，但还是忍住了，转而向导游打听一些更古老的工艺品：镜子、瓷器和钥匙孔盖。当我问到那些已不复存在的门的钥匙时，导游的笑容变得僵硬，而当我开始形容一把特别古老的果酱勺时，她的笑容终于消失，只留下我独自站在原地。我在纤尘不染的一个个房间里，四处搜寻我所寻找的女人们的任何遗迹——比如一颗纽扣、一个钢笔尖、一座烛台或一只耳环——她们存在过的任何痕迹。我一无所获。

最后一班旅游巴士驶离后，房子里安静下来，每个房间都再次沉浸在自己独特的寂静之中。我在楼梯上磨磨蹭蹭，心灰意冷，脑袋靠在曾经与老房子相邻的墙上。我累了。我敲着墙——轻轻地，轻轻地——但是，另一侧原本可能会因为我的敲击而发出回声的房间，现在早已化作无形。我想，我早就该回家了，我摸出手机看时间。身后，一束阳光从云层中跃出，在墙上勾勒我的影子，墨汁一样的暗影，并不清晰，一个被光线描画的女性身体。这突如其来的清晰的影子震撼了我，我踉跄后退，抓住栏杆。身影逐渐暗淡，然后融化，转瞬即逝，就像她们的影子一样，是女性。我继续盯着墙壁，希望它能回来，渴望解读它的意思，直到我感觉有人正看着我。在楼梯脚下，导游正以一种近乎同情的目光注视着我。我意识到，她一定认为我情绪不稳定,她是对的——我以为的顿悟不过是我自己的影子。我笑着摇摇头,一再向她道谢。匆匆离开时,我仍在自嘲地笑着。

我的鞋跟嗒嗒地响着,从砾石路唱到石板路,踩进湿漉漉的树叶,然后踩在稀疏的冬草上。又一个十一月的寒夜从海边一寸一寸悄然逼近,我的视线扫过地面,小心翼翼地穿行在湿滑阴暗的路面上。我不想摔倒。泥土中,有什么东西在眨眼。淡白色的,尖锐的。我跪在地上,用指甲把它刮了起来。我欣喜若狂地发现它是一块陶器的碎片,上面绘着一朵娇嫩的花,也许是一只旧碗,一个茶托或茶杯的碎片。它冲我咧嘴一笑,我也回以微笑。这曾经是一个容器的一部分,蒸汽从它里面升腾到空中,弥散,然后消失,这个容器经常被放在温热的肥皂水中揉搓,直到有一天它从人的手中滑落,在一声惊叹中粉碎,这个容器的碎片很快被铲起来,倒进垃圾桶,扔在垃圾堆上。在那里,它的碎片被泥土和腐烂的果皮包裹着,被岁月和虫子驱散,经历了生长、风霜、日晒和风雪,直到这一刻,它终于决定抬起脸,再次将自己交给女性的双手。小小的珍宝。我用手指搓揉它,使它变得温暖。我把它翻译成一个符号。至于这个碎片是否曾经被握在玛伊尔或奈莉的手里,我并不关心。重要的是,我举起的是一件象征着属于这个地方的女性生活、思想和劳动的工艺品。我把这块碎片轻柔地握在手里,就像握住我从艾琳·杜布的生活中找到的每一个生活片段。即使在这半明半昧的光线下，它也闪闪发亮。我尝试从中想象出一个完整而生动的整体。玛伊尔的遗物即便已经消失了，但在岛上的泥土中，她的唇齿依然带着笑意，露出珍珠般的光泽。

———

最近，我开始在网上搜索人体组织，我用隐身访问的方式浏览网页，既感到惊喜又感到厌恶，在局促不安和敬畏中不停地浏览胎盘的样子。它们像迷宫一样，复杂，丰富，令人不禁好奇：我自己的身体可能会有什么样的缺陷？这种强迫症似的搜索让我看到了史密森学会[1]关于微嵌合体的一篇文章。我读到，在母体怀孕期间，胎儿的多能细胞通过胎盘进入母亲的血液。它们会附着在她的体内组织上，并模仿周围细胞的组织结构，而且，在胎儿出生后，它们仍会长时间留存在她的体内。来自后来弟弟妹妹们的此类细胞可能都一同储存在母亲体内，这些细胞群与母体自身的身体冲动彼此协调和冲突。我想起玛伊尔，她独自站在海滩上，注视着地平线，她的双胞胎婴儿在她体内的海洋里游动。即使两个孩子都已长大成人，她可能还会回到那里，想着远嫁他方的女儿们。她们留在她的思绪

---

1 美国的一个重要的博物馆和研究机构。

里，她们的一些细胞物质也留在她的身体里，只剩残余，挥之不去。

尽管艾琳·杜布在她的《挽歌》中诅咒了玛丽的丈夫和他们的孩子，她却不希望她的孪生姐妹受到任何伤害——

> 只是不要让玛丽受到伤害，
> 这不是因为姐妹情深，
> 而是因为我的母亲曾为她铺好了第一张床，
> 我们在那里一起度过了三个季节

艾琳依然尊重那间红色的房间，那是她们共同生活过的子宫，她们的双胞胎胎盘在其中亲密地生长。为此，她保护玛丽免受诅咒。我们自觉对发生在我们身外或体内的事情知之甚少，无论是已经过去的生活，还是看不见的细胞机制。然而，从某种程度而言，我们确实本能地清楚这些奥秘。

即使这对双胞胎姐妹反目成仇，她们的细胞化石仍留在母亲的体内。玛伊尔牢牢地保存着它们。

我没有把陶器碎片塞回它在花园里的无名坟墓。我紧

紧握住它,就像握住我所了解的关于艾琳·杜布的所有信息的碎片。我把它握在手里,然后开始奔跑。我偷走了它。

只有我的汽车后视镜看见了我的偷窃。我开车时,想到玛伊尔和她女儿们镜中的眼睛,我想到她们失去的镜子,但在我自己的镜子里,我看到的是谁的脸?只有我,只有我。我受不了了。

我调整了后视镜,让它照向别处,然后我看到了湿滑的路面,仿若一条银灰色的松开的辫子。这面凸面镜能让我窥见身后的风景,却无法显示前方的状况,也不能提示我接下来要在哪里转弯。

14. 如今，当初

> nó thairis dá dtaitneadh liom.
> ……如果我愿意的话，甚至睡至午后。
> ——艾琳·杜布·尼康奈尔

如今

两年半来，我与女儿共同度过的日日夜夜都充满了奶香。在机场和超市，在海滩和公共汽车上，在人行道和长椅上，我都给她喂过奶。我醒着和睡着的时候都喂过她，在她发烧、出牙和肚子痛的时候喂过她，在我精疲力竭、乳房感染、乳腺炎发烧和乳腺管堵塞的时候喂过她。她吃。我喂。她睡。我疼。

不过，即使在最疲惫的时候，我仍会因为自己有用而感到快乐。我的右乳非常了解女儿的需求，并能立即满足她。可是我的左乳仍不听使唤：懒惰、厚脸皮的傻大个。

从我胸部开始发育的那一刻起，左乳头就已经内陷了。它闷闷不乐，从不为爱人的抚摸而歌唱。我的右乳丰满而勤劳，左乳却垂头打着瞌睡；乳汁使我成为不平衡的单侧产奶工厂。

在试穿胸罩的试衣间里，一个陌生人对我的身体流露出轻蔑的表情。我的右乳需要丰满的 E 罩杯，左乳则需要小小的 B 罩杯，对于任何内衣工程师来说，这都是无法解决的难题。我最终穿上了年轻时嘲笑为老奶奶胸罩的内衣，没有任何装饰的白色布料缝在坚韧结实的肩带上，通过调整，一只乳房被高高托起，而另一只则在宽大的棉布口袋里荡来荡去。我开始习惯穿开襟衫。

数年来，奶水打断我的睡眠。偶尔，当我被拽醒时，我会在如下想象中获得安慰：这样的时刻不仅发生在我自己身上，也一次又一次发生在其他母亲身上，每一次都映照着相同的元素——乳汁、母亲、婴儿、黑暗、乳汁、母亲、婴儿、黑暗、乳汁、乳汁、乳汁、婴儿、黑暗、乳汁、母亲、婴儿、黑暗、乳汁、乳汁、乳汁——是的，这种时候我累得要命，然而，也有无限满足闪烁在我的视线边缘，不管我多累。我累得要命，是的，累得要命，以至于我经常重复自己的话，非常非常累——然而，我还在拖延断奶的时间。让这个孩子离开我的身体，到别处去觅食，就等于把我自己从为人服务的舒适区拉出来。我做不到，把自己奉献给他人的仪式多美妙啊。我已经把自己变成了隐形人,规矩地藏在由女性的劳动、重复机械的动作和乳汁组成的房间里。

昔时

作为一个女孩,我自以为很懂家务。到了七月,我们家四周的旧石墙缝隙里长满了杂草和野草莓,草皮初长成,逐日长高。我十岁了,放假了。我能预感童年的意趣行将结束,但这个夏天,我告诉自己,我要尽情享受小女孩时代的快乐。我踢掉靴子,赤脚走在路上。

每年夏天,我都会在草地上给自己找一处隐蔽的地方,一个别人看不到我的巢穴。我的办法总是这样——我小心挑选一处凹地,然后双膝跪地,把自己交给大地。

我使出全身的力气翻滚,躺在泥土上,仰面朝天,然后再翻个身,脐部向下,背朝云端,在地上滚来滚去,直到我只看得到天空和泥土,泥土和天空。我把身体压进那块区域,直到它向我屈服,直到小草和杂草也投降,把它们的种子全部丢给微风,直到我打造了一个只属于自己的凹谷。姑且称之为"家"吧。我用手肘撑起身体,欣赏着我的穹顶,成群的大黄蜂跌跌撞撞地飞过。四面的墙壁摇曳着。我把自己隐匿在那里,灵巧地掩藏在这个由女性的劳动和重复动作打造的空间,这是我渺小的存在的回声印记。这个凹谷是属于我的,它多么崭新,然而,当我的身体压在地面上时，我又感觉它非常古老。那里还有其他人，虽然是看不见的人，但都在我的周围。

我们故乡的日子总是一成不变：同样的欢乐和苦难，同样的生育周期和日复一日地醒来，同样的环形堡垒，同样的被声音、青草、兽类和干草填满、清空、再填满的田野。一切都不停地重复。我的家族已在这些山丘上生活了数百年。我知道，在我之前，还有许多其他女孩在这片原野上打造自己的家，她们长大成人，也入土为安，她们的孩子——我的曾祖母们——也同样长大成人，入土为安。我所知道的一切都不是真正新鲜的事物；我所走过的每一条道路都由他人的躯体所写就，每一道足迹都由前人的脚步所雕刻。永——远——永——远——去井边。去农家庭院。去棚屋。去山上。沿着这些路，小草哼着古老的曲调，黑荆棘的尖刺发出警告，每一口水井都悄悄储存人类欲望的记忆。也许我那时就是个奇怪的孩子，感觉到昨日嗡嗡的声音一直就在我身边，像蜜蜂一样真实，也或许每个孩子都有这种感觉。我只知道，在那里，在这些陪伴的回声中，我感到安全。

如今

断奶。断奶。我的家人经常问起这件事，一看到学步期的孩子大摇大摆地穿过房间要拽我的乳房，他们就会皱起眉头。我的丈夫也会问起；他的睡眠很不规律，很不安稳，他也和我一样疲惫。尽管如此，我的本能还是让我忍耐疲惫，专注于满足女儿的一切需求——她从吃奶的时光中得到了极大的满足，剥夺这些时光似乎不仅自私，而且有些残忍。我发觉自己太累了，无法继续，但又因为太累，积攒不起足够的力气和决心断奶。我该怎么办呢？如果我向自己往日的经验求助——如果我向我的身体提问——我会得到什么答复呢？

最终，我的身体替我做出了决定。不能再这样了，我的疲惫告诉我，绝对不可以。最先结束的是我女儿的晨奶，这是我们挚爱的早晨仪式，我们依偎在羽绒被下，她的头枕在我的手肘上。一天早上，她被楼下的叫声吵醒。她还没来得及嚷着要喝母乳，粥和水果已经备好在她面前。接下来的一周，我开始慢慢减少她下午频繁的喂食次数。每当她拉扯我的袖子时，我就递给她一小杯水。有时她会高兴地把脸贴在水杯上，塑料杯上反射的彩色光泽映照着她笑成一条缝的眼睛。有时，她会把水杯从我手里打翻，愤怒而悲痛地尖叫，干脆摔坐在地上，滚来滚去。妈妈，她尖叫着，给。我。妈妈的奶。大颗大颗的泪水顺着她的脸颊滚落，她挥舞着拳头，击打着地板。训练有素的、能够克制自己的欲望的那部分我自己，钦佩地观察她的这种表现。我抚摸她的头发，对她撒了个古老的谎言："嘘，好了好了，嘘，一切都会好起来的。"她很快就习惯了这种新的生活方式，只在夜里不安稳地醒来时喝一些水。如今，她能睡了。我也是。

十年过去了，我一直在怀孕、哺乳，或者二者同时进行。我默默期待很快会再来一个孩子让我为之忙碌，但此时，十年来我第一次彻夜酣睡，不受干扰。睡梦中，我来到山上的一栋房子前，奶水的热气荡漾在每一扇窗户上。我往里瞧，只见那乳白色的液体浓浓地浇在每一张床和椅子上，浇在地板和橡子上，浇在每一个水壶、电视机和洗衣篮上，浇在每一台收音机和电话上，浇在深深的、浓浓的奶水的浪花中。我在梦里叩响了房门。咚咚咚。一个女人正在那些如今已经沉入水底的房间里扫地，她的扫帚忽隐忽现，然后消失，再忽隐忽现，黑发高高地飘在头顶，她的眼睛盯着地板。她看不见我。我又敲了敲门。她自顾自地笑着说："谁在那儿？"当她转过脸来，我看到她的眼睛又大又白，瞪得像盛满奶汁。我醒来，浑身发抖。如果没有这些劳动，没有这些耕耘和收获，我将会是谁？没有奶水，我怎么看得见？没有了乳汁，我将是谁？

昔时

我儿时的家坐落在一座陡峭的小山上，陡峭的坡度抵挡了压路机和其他现代机械。有一回，草长到手肘的高度，父亲开着一辆老式拖拉机隆隆驶来。母亲在家担心那坡度会战胜他，让他的船倾覆。然而没有。田地很快就变成了一些根茬，在脚下锋利无比。我靸着鞋子，拾捡着一捧捧的干草，父亲则用干草叉将它们堆放整齐。太阳很好地履行了它的职责：把每片草叶都晒得脆脆干干，直到它们都能被扛到棚子里。庞然巨物：干草筑成的墙一直延伸到屋顶。很奇怪，这么多的干草怎么能填满一个房间，而且能在未来寒冷的数月里喂饱生命？在外面，即使像我这样的女孩也能征服它，但在这里，它是巨大的。即使在室内，我的身体也能记住这些草。不知道它们是否也记得我。

如今

一旦停止母乳喂养，我的右乳就迅速萎缩了。它下垂、疲惫、布满纹路，使懒惰的那只乳房变成两只当中更加丰满的一只。一次沐浴后，我终于在那面我经常擦拭却从不注视的镜子里看到了自己的目光，观察到我双眼的乌紫眼圈。我放下毛巾，好奇地观察自己的身体：布满乌青线条的牛奶瓶般柔软的大腿；我的乳房不对称，但是光彩照人；四次剖腹产疤痕留下的神圣的门；松垂的腹部，妊娠纹像退潮时的缕缕波纹。我的肚脐在那里瘪嘴笑着，那是永远把我和我的妈妈联系在一起的隐形绳索，就像她的肚脐把她和她的母亲联系在一起，如此往上，往上，往上。我研究着我的这个身体,它只是长长的队伍中的一个,我没有厌恶,只有自豪。我想,这是女性的文本。我的身体用它的带伤疤的方言述说着。看呐!它似乎在说,看呐!

我的右乳要排残奶,与此同时它还在不断萎缩。我把所有的旧哺乳胸罩扔进垃圾桶,告别它们灰色的棉质罩杯和破旧的塑料夹子。完成了——划掉。在我身体里温暖黑暗的某个地方,另一个时钟正在嘀嗒嘀嗒地走着,它正在修建一个很快就会威胁到我的东西,但我还不知道。

我的新胸罩到了,是用粉红色的薄纸和丝带层层裹起来的。把它的夹子拽到合适的位置,抬起我的乳房,就会产生一种丰满的假象。在这个精心制作的金属和蕾丝结构中,我的乳房看上去几乎完全正常,就好像我根本没使用过它们一样——但身体却记得。当我挤压右边的乳头时,一滴苍白的水珠眨了眨眼睛。

昔时

到了秋天,我穿着硬邦邦的新校鞋爬到了干草堆的顶部。我又惹麻烦了。我在高高的窝巢里舒展身子,噘起了嘴。我偷懒了，现在妈妈生气了，挥舞着她在我口袋里发现的一个塑料手镯。这么粗心，可能会毁坏洗衣机。她会怎么做呢？我是个脸皮颇厚的孩子，面对她的怒容，我耸耸肩，在她抓住我之前跑掉了。

在高高的干草堆里，我藏了一只袋子，里面装着一些麦芽糖和一本漫画书，现在我紧紧地团身贴在椽子上，可以看到每一根粗糙的木刺。当那些老式的糖块被吮吸成细细尖尖的小条时，它们划破我的牙龈，一股血腥味从甜味中滑出来。

在我身体里某个温暖的黑暗角落，时钟嘀嗒地走着。我把眼睛眯得越来越紧，直到眼睑后面的一团漆黑像烟花般绽放，它把我变成一只成日蜷缩的小蝙蝠，想象自己在黑夜里深睡。母亲的声音遥遥地赶来，我在藏身之所被发现之前冲下地，结果脸朝下，冲力太大，我来不及抓住干草堆上滑落的叶片，就落在棚子里黑漆漆的地板上，我的嘴撞到了煤气桶的钢板。我坐起身，把半颗门牙吐到手里。它苍白、湿润又同时带着鲜红的血。我母亲尖叫起来。

"别担心，"牙医说，他的眼睛在口罩上笑眯眯的，"我们很快就能让你恢复。现在，深呼吸，准备打针——好孩子。"他小心翼翼地在我的口腔里打造对称的结构，将旧的一截与新的一截结合在一起。镜中，那颗牙齿看起来相当真实，每当我说话时，都能看到真与假的交织。我珍贵的假牙：我的牙齿与假体结合在一起，我的嘴里既有真相，也有谎言。

如今

每天，我都会跪在同一张教堂长椅上，向我和母亲共同信奉的同一个神灵祈祷，那神圣的清洁剂的光晕和嗡嗡声环绕着。我重复她的虔诚，翻找孩子们的口袋，排除布料沙沙声之外潜藏的危险：一枚硬币或一只松果，一颗弹珠或一个栗子。一天晚上，我在左胸的口袋里发现了一个硬硬的小凸起。我的手指停住了，然后又摸索回去。在层层乳房组织中，我发现了第二个。第二个什么？我的脑海中呐喊着一个词，一遍又一遍。

我再次感觉到自己向下滑落。我试图说服自己不要惊慌，这种肿块可能是泌乳的某种副作用，但事实上，我知道这是不可能的。毕竟这是我的左乳，它已经很多年没有分泌过一滴乳汁了。此外，我对乳腺炎的各种症状都非常熟悉：发烧寒战、虚弱无力、恐惧慌张、肿胀感染。这次不同。我想，如果我没有给女儿断奶，也许就不会发生这种情况吧？

那天早晨，医生的手在我的乳房上探寻进一步的线索，我的目光飞到窗外，把我带往别处。他是一个特别和蔼可亲的人，热情而体贴，但今天他的手是冰凉的。当他找到第二个肿块时,他的声音把我从远处唤了回来。他皱着眉头检视我内陷而害羞的左侧乳头。我想起,他曾经多次听我把婴儿的热疹想象成脑膜炎,或因磕碰就担心颅骨骨折,我多么希望他现在能再次轻松一笑。然而,他戳了戳我的腋窝,然后又捏了捏我的乳房。我听到自己的声音像孩子一样颤抖,当我说话时,说出来的也是孩子气的话。"……但是——但是,一切都没问题吧?"他打印了一封信,让我转诊接受进一步检查。"我们只是需要更多信息,仅此而已。回家吧,喝杯茶。别担心。"当我把五张皱巴巴的十英镑钞票递给接待员时,我的脸想起了它应当遵循的剧本,扭成了一个礼貌的微笑。就这样吧。

在停车场,我的眉心紧紧压住方向盘,泪水在我的膝盖肆意流淌,每一滴都在布料上缓慢地汇成咸咸的一摊。远处,三只瘦小的椋鸟静静地抓住一根电线。我望向屋顶,那里的卫星天线将它们的耳朵转向天空,努力捕捉来自黑暗远方的隐形信号。这时,我知道自己该去哪里了。我不打算回家,只是转动了车钥匙。

在基尔克雷,门上的银色石头用它们冰冷的方式欢迎我的归来。我告诉自己,我不知道为什么来这里,但其实我知道。我知道。我不记得自己说了哪些话,我只知道我的脸变得湿润,喉咙变得嘶哑。我感到欣慰的是,我远不是第一个在这里哭泣的女人,在这里,我既被别人包围,又彻彻底底地孤独。

昔时

我独自一人坐在马桶上瑟瑟发抖，我的呼吸像一团云雾，弥漫在我和一个我从未见过的字之间，那是我的童年身体在一叠纸上写下的涂鸦。既苍白、湿润而又鲜红，让我不禁怀疑我那颗躺在手掌里沾满鲜血的牙齿是否是某种预兆。我不知道该如何解释这个文本，但我知道它意味着改变，意味着耻辱。

它必须被藏起来。我的身体就是这样成为女性的——在抗拒和恐惧之中。我希望我能用某种方式抵制这种变化，我希望我能选择停留在默默无闻的少女时代。我叠了一沓干净的纸巾，让它贴着我的皮肤垫着。我晚点再来看看，如果等会儿还有更多的那东西的话，我可能就得告诉妈妈了。我多么希望那几张纸巾是空白的。过了一周，我嚼着口香糖，听见一个男人说我看起来像个荡妇。我也不太确定这个词怎么理解，但从他啐着唾沫说出那个词的样子，我料定那不是什么好词儿。在家里，我拆开更多的口香糖，但每一面镜子里的我都只是像一只害羞的小动物在磨牙。

如今

在乳腺诊所，我是赤裸上身、穿着相同手术服的九名妇女之一。衣料粗砺又细密，与皮肤摩擦得厉害。我讨厌这些衣服，也讨厌这个房间。墙上的圣人依然面部扭曲，他们的光环与黄色塑料镜框相得益彰。电视机里的声音滔滔不绝，朱迪法官在训斥一排犯了错的人，凶狠地指着他们，直到他们像狗一样委屈地蹙额皱眉，向她伸出双手乞怜，他们的感情和手都受了伤。[1] 我感到非常无聊，走到窗前。

从这个高度俯瞰这座城市，视野变得奇特起来。学生时代的我曾在其中迷失的那些道路，在这个距离上看起来突然贯通了。我的视线越过大学公寓的屋顶、预制板房、维多利亚式三层楼的华丽屋檐，直到我找到科莱坦修道院那狭长的屋顶。在它温暖舒适的阁楼上，蝙蝠们正睡得香甜。是伏翼蝙蝠[2]。这是这座城市最大的蝙蝠群落，我听说是这样。不久，母蝙蝠就会形成它们的季节性繁殖聚集区[3]，然后，它们的孩子们靠着乳汁和温度，会慢慢长大，直到秋天断奶，从阁楼一跃而起，飞进它们自己的黑暗一生。

二十年前，在我本该去上解剖课的时候，我独自坐在小教堂里，经历着凶猛的宿醉，透过脏污的玻璃凝视天空。那时我还不知道有蝙蝠，但它们还是出现了，披着斗

---

1 指一档知名电视节目《法官朱迪》。
2 欧洲蝙蝠，是欧洲最常见的蝙蝠之一。
3 伏翼蝙蝠的母蝙蝠会在繁殖季节中聚集在一起，共同照料它们的幼崽，直到秋天。

篷，在我残破的身影之外的某个地方做着梦。我跪下了。我哭泣。我想死，只想死。现在，我发现自己正从另一侧的高处俯视着同样的玻璃，渴望活下去。我的手机铃声响了，但是当我从包里摸出手机接听时，却没有人说话。喂？我说。喂？我等待着回答。没人说话。

护士叫我的名字，我随她的微笑步入另一个房间。我希望自己能多少抵御身体的变化，希望回到做家务活的隐身的日子里，快乐地保持不被看见的状态。一小时后，我离开医院，摸索着把塑料耳机塞进耳朵。在我身后的一间病房里，我留下了一块用于活检的肉体组织。也许我在路过的行人眼中并不起眼，但在我的夏装下，在层层绷带和纱布下，在十五个注射后的针孔下，一个巨大的血肿正在黑暗中泣血，一道深深的瘀伤正在那里汇聚，就像盖拉赫的天空中的云影一样迅速变幻。

昔时

随着干草越来越少，棚子里越来越冷，干草被唾液和牙齿的缓慢滑动一刀一刀地磨没了。每一团反刍的食物都会在好几个胃里经历过山车般的运动，然后放肆地溅落，排泄到地面。这里留下来的一种新鲜的深深的空虚，似乎与我曾经温馨的家很不一样。为了测试它的回声效果，我穿着靴子踏着步，从脚尖点地换到脚跟点地，然后从脚跟再换到脚尖,我对自己喊:"喂?喂?喂?"我的声音在墙壁上激起声响,我笑了。橡子似乎已遥不可及了。我知道我再也够不着它们。现在,只有蝙蝠才能体会到那种破碎的亲近感。

如今

我等待活检结果报告。我焦灼。我等待。我焦灼。

这封信装在一只信封里,带给人难以言喻的宽慰,紧接着是随之而来的困惑。这项检查的唯一结论是未检测到癌细胞;他们无法解释肿块的形成原因。很快,更多预约检查的邮件来了,更多的检查,更多的在朱迪法官的尖尖的手指底下的等待。

外科医生揉捏我的乳房时,他的领带就像一个柔软的钟摆,他的头歪斜得像个问号。他的结论是,虽然肿块无法解释,但并非癌症,因此无须进行手术。我如释重负地松开拳头。在附近的某个地方,一只蝙蝠在睡梦中微微动了一下。

就像我抗拒身体的红色涂鸦那样,我也希望抵抗我身体的这一真相,但现在我试着接受它的陌生。在我的左胸中,有两个肿块,菊石[1]一样精巧,每个都代表一条线

---

[1] 菊石是已灭绝的头足类动物的化石,与鹦鹉螺近缘。

索。当我的遗体躺在解剖室里时,医学生可能会像阅读我的文身、剖腹产疤痕或坏掉的牙齿一样轻而易举地解读这些文本,把它们翻译成我可能对别人产生的影响。

我把它们看作逗号,虽然它们更像是句号。我哺乳的日子仿佛是很久之前了,仿佛我将来再不能哺乳了,仿佛只有别人才能体会到那种四分五裂的亲密感了。不行。我告诉自己,无论发生什么,我都会永远珍藏我的纪念品:像胸针一样牢牢地镶嵌在我的胸口里面的珍珠和鹅卵石。无论那是瑕疵还是点缀,都是女性的文字,我将它紧紧珍藏在我的心脏旁边。

15. 一连串影子

一旦艾琳·杜布的名字不再出现在她兄弟的信里，我的文字也枯萎了。我恐怕我的消息来源已经枯竭。兰令宅邸紧锁的大门拒绝我进入，德林内恩被拆毁的旧宅房间也去不了。我渴望看到的东西不是被摧毁就是被藏匿，胸针全都不见了，杯子全都碎了，门全都锁上了，钥匙全都丢了。她的生活没有留下任何证据，也没有任何东西再可寻。可是，可是，我还是无法接受。我们还有很多事情不清楚。我们不知道她活了多久，是否与家人和好，是否再婚，后来是否再生育，或者是否有继子继女。

我们不知道她在哪里度过剩下的年月，也不知道她如何维持生计。虽然基尔克雷的墓碑上注明了她的丈夫、儿子和孙子埋葬的位置，但是艾琳·杜布的埋葬地没有记号。前一刻，我们还能听到她真实而清晰的声音，下一刻，她就像幻术师一样瞬间消失了。

我努力让自己适应这种突如其来的阙如，就像我一直在学习接受生命里的另一种空缺。在我忙于解释艾琳·杜布人生中的诸多谜团时，我的女儿也在成长。她现在有了自己的小书包，背在自己的小小的背上。每天早晨，我牵着她的手，在幼儿园向她挥手告别，看她奔向颜料罐、拼图和玩具小人的化妆盒。接下来的几个小时，我徒劳地翻阅同样的一些档案资料。艾琳·杜布从未出现过。我的早晨太安静了，因为我的孩子们、我的目标和我的幽灵都离开了我。我数着时间，直到我能再次把女儿抱在怀里，一个扭动的鲜活的女性文本。夜晚，我搂着她入睡，想象艾琳·杜布抚摸儿子们温暖的头发，直到他们的眼皮在梦中闪动。我想象她抬起头，随着最后一声叹息，她熄灭了烛火。黑夜沉寂。就这样了：结束了。

不能就这样结束。

我一直努力穿透那片黑暗，拒绝把她的夜的黑幕看成结束。我变得越来越疯狂，寻找新的线索，任何能让我继续这段旅程的线索。如果我不能找到这位母亲，那么她的那些孩子们呢？也许可以通过她的孩子们来追逐她生命的回声。绘制他们的生活轨迹，也许能发现他们母亲的一些蛛丝马迹——也许他们在一封信里提到过母亲，也许是一个分类记录册条目，或者是写在她墓碑上的文字——我想，任何东西。什么都行。

这种转变让我找到了一条有新线索的新方向。在幼儿园，我亲吻了女儿，我们之间的大门还没关上，我已经转身离去。因为接下来的每一分钟，我都要用来搜索档案、墓地碑文和教堂里陈旧的出生、婚姻和死亡分类记录册，为艾琳·杜布的家人建立杂乱无章的家谱。起初，我看不清他们，这些她认识的人——他们是一连串的影子，模糊而遥远——但过了几周，我为每个名字建立的文档开始增加。她的家人一个接一个地从阴暗中走到阳光下，向我走来。他们开始移动，开始呼吸——时而有缺陷但和蔼可亲，时而古怪，时而暴力或愤怒——这些都是认识艾琳·杜布的人。他们是真实的。他们是的。

我寻找艾琳和阿特的长子时，从一开始就获得了具体线索的支持。因为他和父亲一起葬在基尔克雷修道院，他们共同的墓碑让我知道了大致可靠的时间段，这些日期方便我径直走进档案页和旧新闻报纸泛黄的羊皮纸中，在文字里发现他生活的涟漪。我整理出一长串的事实和对话，然后，按照我的习惯，我依靠想象把它编织得栩栩如生。

艾琳·杜布二十五岁那年，她弯腰挺肚，尖声哭喊。数小时的蜷缩、爬行、咆哮，直到最后，她的第一个孩子，一个男孩，出生了。他还没有名字，就躺在母亲的怀里，躺在兰令宅邸的一间卧室里。在那里，母亲将他抱在臂弯，坐在秋天的门槛上，哼着她少女时代的歌谣。金灿灿的光芒照耀着他们，她在孩子脸上寻找她的家人的模样，却只找到阿特的影子。婴儿的名字也联系着他父亲一族，因为他的祖父和小叔叔都叫这个名字：康楚巴尔，在英语中是科尼利厄斯。这个婴儿在祖父母温暖的家中茁壮成长，在那里，他第一次咯咯笑的声音迎来了全家人的喜悦，他被母亲从一个房间抱到另一个房间，得到人们的亲吻，人们对他哼唱歌儿、把他裹在襁褓中、抱着他穿过鹅卵石铺就的庭院，一只鹰在庭院上空注视着他们。

康楚巴尔长大了。他开始仰起头，向四周眺望，看到花朵和马儿，金色的树叶在微风中摇曳。一天早晨，他向妈妈举起双臂，露出了没牙的笑容。他开始吃东西，软软的胡萝卜泥顺着下巴滚落。一颗牙齿萌出了他的牙龈。然后，又一颗。我决定，他会说的第一个词是我认识的每个婴儿都说的第一个词：爸爸。他趴着，用膝盖和手臂快速爬行，而艾琳·杜布就在他身边。他撑起一把旧椅子，拽着椅子站了起来。他走了一步。两步。他开始奔跑。康楚巴尔的父亲时常回家。阿特一定会抱他在怀里，在草地上小跑，当蝴蝶和蜜蜂从长长的草丛中匆匆起飞时，他会欢快地叫喊。母亲的肚子又开始隆起了，这时他还很小，很快，兰令宅邸的房间里就响起了小弟弟的哭声，他的名字叫菲尔（Fear），如果高声呼喊这个名字，听上去像是指距离：遥远（Far）。当他们的父亲躺在卡里加尼玛的蒲公英丛中奄奄一息时，康楚巴尔才五岁，而他的弟弟还是个婴儿。无论他怎样哭泣，一切都已成定局；他的爸爸已经不在了，他的妈妈也永远地改变了。

在《挽歌》之后，康楚巴尔和他弟弟的踪迹都消失了。我再也找不到这两个孩子多年来的任何影踪，没有他们爬树、学习写字、阅读或骑马的文字记载，没有他们恶作剧和生日会的文字记载，没有他们摔跤、游戏或打架的文字记载。我只知道次子的名字改成了英文的费迪南德·奥利里，而且他成了一名牧师，不过在任何神职人员的记录中都找不到相关证据——我想这并不奇怪，因为在那个时代，天主教的信仰是非常秘密的。我不停翻找，眼睛因为阅读微缩胶卷而生疼，但我仍然无法确定这个小儿子生命中最基本的细节。我找不到他的埋葬地。我甚至无法确定他的确切出生日期，尽管我翻遍了所有能想到的文字记录，也无济于事。费迪南德就像他的母亲一样，从我的眼皮子底下彻底消失。最后，我向他道别，回头去看他的哥哥。

再次遇到康楚巴尔时，我看到他高大强壮，笑容可掬。二十一岁的他大步流星地走在舅舅们之间飞来飞去的信函中，那是不断往返的亲情和八卦、债务与和解。1789年4月17日，艾琳的弟弟丹尼尔从巴黎写信给德林内恩："我三天前给你寄去了康·奥利里的收据。"这段简短的文字足以让我想象年轻的康漫步在巴黎的阴暗小巷和林荫道上的情景，而此时的巴黎正在爆发革命。他的母亲会不会去那里探望过他，乘船和马车来到巴黎亲吻儿子的脸颊？那时已经四十多岁的艾琳·杜布一定费了一番周折，才与她的兄弟们谈妥支付儿子教育费用的条件。我闭上眼睛看。

杯子太满了。直到又回到这个房间——同样的镜子、同样的窗帘、同样的地板，她才意识到自己多么忐忑不安。她再次鼓起勇气。茶水在杯中泛起涟漪，流向嘴唇。一滴，一滴。她啜饮着滚烫的茶水，再次排练她简短的演讲。她会让自己变得谦卑，甚至躬起身子显出一些可怜，如果这样管用的话。他几乎不会注意到把康和他的表兄弟们一起送去上学需要多少钱。她必须让他明白，这个举动对她来说算不上什么礼物；她必须让他知道，她还是继续在受苦。她从镜子里看到自己的脸，试着谦卑地整理表情。眼睛向下看。不能退缩。脚步声越来越近。门开了。摩利斯一脸严肃，嘴角向下，灰色的毛发爬满了他的衣领。她看到了他小时候被困在树上号啕大哭求救的画面，她努力熄灭诡秘的笑意。

"你要多少？"他语气粗鲁，仿佛她是一个在集市上乞讨一枚硬币的陌生人。她咬着牙，忍住了涌上心头的咒骂，转而准备握住他的手。但她的手臂和她一样愤怒。她

的手臂错误地估计了茶杯与桌子之间的距离，杯子从手柄处折断，茶水哗啦啦地溅到地板上，狂怒的碎片像沉船一样飞溅起来。艾琳盯着地上的液体。她的哥哥盯着她。这是一个意外，但她知道这不会被当作意外；她要么等着被责罚，要么先说出来。一缕蒸汽升起，轻而易举地飘散到空气中。还没等他开口，她的双腿已经迈进了大厅，穿过盛着大盘大盘的肉和炉上滚熟的肉汤的厨房，向马厩走去。她想，让丹尼尔跟他讲讲道理吧，如果他不听，让他去死，她会想别的办法来抚养她的儿子。匆匆穿过厨房花园时，她发现一大块杯柄还在她的拳头里，将她的指尖划出了血。路过厨房垃圾堆时，她把它扔了进去，扔进那些软骨和腐物中。离开时，她把伤口捂在嘴边，皱着眉头。

艾琳·杜布最终成功让康去法国接受了教育。之后，他跟随舅舅丹尼尔从军，成为法国近卫军团的一员，他的墓碑上说，他成了一名上尉。丹尼尔提到康的"收据"的那封信是在巴士底狱暴风雨前几个月写的，但我们不知道康在随后的混乱中经历了什么。在现在的协和广场，很快就会出现一座断头台。一位王后将跪在那里，而人群则对着悬在她身体之上的铡刀发出阵阵嘲笑。在兰令宅邸，一只乌鸦低飞过庭院，落在她母亲的礼物旁。

从巴黎回来后,康逐渐不见踪影,有一段时间我找不到他的痕迹。在这些神秘的岁月里,他遇到了丽贝卡·简特曼小姐,有时人们称她为他的第一任妻子。由于找不到任何关于这段婚姻的记录,我无法确认这件事,不过我确实设想了艾琳·杜布参加长子婚礼时可能会有的感受,以及她作为婆婆可能会有的表现。我几乎能看到丽贝卡的头发,挽上去盘着、整齐地别着,但我看不清她的脸。我在英格兰和爱尔兰的所有人口普查和洗礼记录中找了又找,但还是找不到丽贝卡的记录。我又一次失败了。我又一次把目光投向康。

1805年冬天,他离开了巴黎。我在格雷律师学院[1]——这是一所负责向大律师授予执业认可资格的机构——的入学名单中找到了他,他那时三十多岁。一群石头建筑围绕着两个连通的风景优美的广场,我们在那里看到了他,我们的康,正阔步走向他的下一堂课。我想象他怀里抱着一捧书,细雨淋在他的肩上。雨越下越急,他的步伐也越来越快,躲进了一个门洞,抖了抖袖子上的雨滴。

我的手指轻轻拂过康的同学们的名字,大声念出来,几乎就能看到这些来自萨里郡、德文郡和伯克郡的优雅家庭的孩子们,他们穿着昂贵的大衣,戴着名贵的帽子:吉尔伯特·希尔科特、罗伯特·菲普斯、查尔斯·霍奇

---

[1] 伦敦的四所律师学院之一,设立于十四世纪。

斯·瓦尔。康和他们一起于 11 月 21 日报到。

> 科尼利厄斯·奥利里,三十六岁,已故科克郡兰令的绅士阿特·奥的长子。

我们可以想象他疲惫不堪地走回自己的住处,摸索着找到一根火柴,粗暴地点燃烛火。我们可能会看到他在一个黑乎乎的碗里舀着粥,或又蹬上靴子,在伦敦浓雾密布的街道上大步流星,跳过水坑,向熟人点头致意。是否偶尔会收到一封信,上面有他的名字,是他母亲亲手写的?这样的一件物品在被扔进垃圾桶之前,可能会在一个年轻人的手里停留多久?

到1813年9月,包括康和他的堂兄政治家丹尼尔·奥康奈尔在内的许多人都成功地鼓动了反对发生在爱尔兰的政治暴行的活动。伦敦《纪事晨报》头版刊登的一篇文章称,艾琳·杜布的儿子在布什酒馆参加了科克天主教委员会会议,"科尼利厄斯·奥利里先生主持了会议"。第二年,他的名字出现在一个截然不同的文本里,那是一个记录了有关婚姻许可契约[1]保证金的簿本。在其中,笔迹整

---

[1] 婚姻许可契约(Marriage Licence Bonds)指的是在某些地区,为了获得婚姻许可证,一方或者双方当事人需要提供一份保证金或担保,用以确保婚姻合法有效,如果违反了法规或其他条件,这份保证金可能会被没收或用于支付相关的法律费用。

洁的康的名字紧贴着另一个名字:玛丽·珀塞尔。玛丽出生在科克郡一个富裕且颇具渊源的新教家庭,家中有十个孩子。我搜索旧报纸,直到在1814年5月4日的《自由人报》上找到了他们的正式结婚公告——"上周一,科克郡,大律师科尼利厄斯·奥利里先生,与该郡坎图尔克[1]已故古德温·珀塞尔先生的独生女玛丽成婚。"据我推算,当玛丽和科尼利厄斯走上红毯时,玛丽四十岁,科尼利厄斯四十六岁。如果艾琳·杜布还活着,能在儿子离开教堂时看到他的眼睛,那么她应该已经七十一岁了。

这对新婚夫妇定居在科克市,1815年10月6日,科尼利厄斯·费迪南德·珀塞尔·奥利里出生了,他是艾琳·杜布的长孙。当玛丽再次怀孕时,这个男孩十个月大,然后在1817年3月19日,古德温·理查德·珀塞尔·奥利里出生,这个名字随了玛丽的父亲和兄弟的名字。玛丽与艾琳·杜布一样,在三年内诞下了两个男孩。我找到了关于第三个儿子亚瑟(阿特)的记载,他在婴儿时期就夭折了,虽然我没看到关于这个孩子出生的官方记录,但想象这个家庭为失去另一位阿特而哭泣的情景还是令人心痛。

1998年9月,彼得·奥利里在因奇吉拉村[2]的一次奥

---

[1] 爱尔兰科克郡北部的小镇。
[2] 爱尔兰科克郡西部的小镇。

利里家族聚会上发表演讲时,追溯了阿特的家谱,指出:"奇怪的是,当科尼利厄斯在曼奇[1]宅邸的家族圣经中写下他的简短生平时,他没有提到他的第一任妻子丽贝卡,也没有提到他的第三个儿子亚瑟(阿特)。这份记录是1827年10月在巴黎写成的。"这里提到的这本"圣经"让我很感兴趣,但当我找到他的文字时,说这话的人已经不幸去世了,我既找不到他的话语的出处,也没有关于这本神秘"圣经"目前所在位置的任何线索。我渴望了解,我想象康一定在其中写下了关于他母亲的生活细节。至少,它肯定能让我知道她的死亡日期和埋葬地点,于是它就像一把金色的万能钥匙:只要我能找到这本"圣经",我就能打开任何一扇门。我通过它最近的主人——曼奇的康纳夫妇——的档案寻找它的下落时,我读到了大量无关的文章,全是死胡同。在一篇由爱德华·麦克利萨特[2]于1946年发表的文章中,下面这句话击中了我:"康纳上校和他的兄弟亨利·康纳都告诉我,家族中相当数量的文件,包括几本有趣的十八世纪日记,在一代人之前就被家族中的某些女性销毁了。"这些不具名的女性带走了一个家族的故事,用火焰改写了故事——这就是女性的文本。

康和玛丽很快搬离了这座城市,把家安置在德洛摩尔

---

[1] 曼奇是爱尔兰科克郡的一座村庄,在十九世纪和二十世纪初曾繁荣一时。
[2] 爱德华·麦克利萨特(Edward MacLysaght,1887—1986),爱尔兰宗谱学家。

宅邸，这是一片连绵起伏的田野中的一栋大房子，离玛丽的家人比较近。在1824年4月9日星期五出版的一期《自由人报》上，我再次在新闻中看到了他的身影。当时有三名男子因砍伐和移走他的树木而被科克郡巡回法庭起诉。第二年，他又一次出现在奥康奈尔夫人整理的信件中，他在寻求一笔奖学金，使他的长子小科尼利厄斯能够到巴黎学习。他的舅舅摩利斯和丹尼尔对谁应该从这一机会中受益持有不同意见。丹尼尔写道：

> 奥利里非常希望为他的长子获得奥康奈尔基金会在巴黎的第一个席位，他当然有资格获得这个席位，然而摩利斯，康纳告诉我，你和你的兄弟们已经提名他的一个弟弟获得第一个席位。我必须告诉你，你绝不应该，不，你无权这么做。处置同一家族的两个席位，损害近亲的利益，这是极不公平的。再见。

我花了很多时间琢磨这封信。信的语气很突兀，这不符合常理，但对我来说，"他的一个弟弟"这句话尤其令人费解。起初我怀疑这指的是康自己的弟弟，但费迪南德此时应该已经五十多岁了，作为一名牧师，他似乎不太可能有后代来继承奖学金。这封信的措辞难以理解，困扰着我。我觉得肯定遗漏了什么，一个合格的学者一定会发现的，但我从这封信中得到的只是更多的疑问。就像许多更加宏大的故事一样,这封信表明,有一个复杂鲜活的现实潜伏在它背后,而这个现实对于我这样一个距离遥远又缺乏专业知识的人来说最终是不可捉摸的。

1830年的一天,康的妻子玛丽去世了。他们的两个儿子当时分别只有十五岁和十三岁,都在都柏林读书。但也有可能,他们在得知母亲去世的消息时,都正在家里过圣诞节。1831年10月5日,康的名字和他的第二任(也可能是第三任)妻子一起出现在《凯里[1]晚报》的结婚公告中。"在格雷特纳格林,大律师科尼利厄斯·奥利里与科克郡阿尔塔米拉地区已故皮尔斯·珀塞尔先生之女汉娜结婚。"不知何故,我对这一公告表示怀疑。首先,在珀塞尔家的七个兄弟姐妹中,汉娜是唯一一位除了这份新闻公告之外,任何历史记录都没有提到她结婚的人。其次,他们结婚的地点是苏格兰小镇格雷特纳格林,此地因其作为寻求草率婚姻的恋人的天堂而闻名,但似乎与这对夫妇所居住的地区相距甚远,令人怀疑。我渴望能翻阅他们的家庭"圣经",只是为了看看康本人会如何描述这场婚姻,但因为找不到这一资料,我只能想象他的样子,他是艾琳和阿特的长子,如今已经六十出头,挽着新婚妻子步入苏格兰寒冷的阳光下。

---

[1] 凯里郡是爱尔兰西南部的一个郡。

在我能查阅到的文本中,接下来整整十年,这个儿子的生活没有任何明显的波澜——报纸上没有法庭案件,也没有新生儿的洗礼记录。对康来说,生活变得平静。他一定为自己的儿子古德温和科尼利厄斯感到骄傲,小儿子在学医,而科尼利厄斯和他父亲一样学习法律。1836年1月20日的《康诺特电报》[1]头版报道将这个儿子描述为一名大律师和天主教徒。他和康一起参加政治集会。1843年6月3日出版的《国家报》上有一篇文章介绍了康参加谷物交易所的一场会议的情况。会上讨论的事项包括为废除运动[2]推举新成员的提议。当有人向众人推举康时,丹尼尔·奥康奈尔宣布:"又一位律师(欢呼)!我荣幸地提名科尼利厄斯·奥利里律师为新成员。除了他是我的一位近亲之外,对他没有任何异议。"动议获得通过。

1846年6月,在他们德洛摩尔的家中,康的伙伴、长子科尼利厄斯去世,享年三十一岁。康下令打开他父亲的坟墓,他跟随儿子的灵柩穿过鸟鸣和蜜蜂,走过通往基尔克雷修道院的窄桥。此时此刻,康站在母亲曾经驻足的

---

1 康诺特是爱尔兰的四个省之一。《康诺特电报》成立于1828年,是爱尔兰历史最悠久的报纸之一。
2 由爱尔兰政治家丹尼尔·奥康奈尔在十九世纪四十年代初领导的政治运动,其目的是通过废除1800年通过的《联合法案》来断绝与英国的政治关系。

土地上，看着他的儿子缓缓降入阿特幽暗的房间。头顶上，老鸦发出尖利的叫声，盘旋着。我看到康转身离开坟墓，离开基尔克雷，他的手重重地放在银色石头门柱上。几个月后，坟墓将再次被打开。这一次，康本人也将跟随儿子进入那扇黑暗的大门。他去世时七十七岁，离下一个生日只差五天。现在，一个家族的三代人躺在一起，他们的尸骨在父子和父子最后的拥抱中彼此交融。墓碑上没有女性的名字，但没有女性的名字并不能证明没有女性的存在。艾琳·杜布会不会也在这里？

追踪了她的儿子从出生到下葬的生命历程，我还是非常遗憾，我的搜寻没有带来关于她的人生的更多线索——但我又能指望什么呢？这是绝望之举，这种方法注定要失败。现在，费迪南德和艾琳的踪迹都没了，阿特死了，玛伊尔死了，康和他的长子都躺在基尔克雷的泥土里。虽然在我关注他们之前，他们早已不在人世，但我仍为自己必须再次目睹他们坠入遗忘而感到悲哀。现在唯一能追踪的后裔是艾琳的孙子、康的次子，古德温·理查德·珀塞尔·奥利里。所以我把目光投向了他，希望他能透露一些他父亲无法透露的有关他祖母的信息。我密切注视着他，看他将如何度过自己的一生，因为他是艾琳·杜布最后的血脉。

古德温雄心勃勃、早熟，从小就为人体的运作机制所吸引。1841 年，身为爱丁堡的众多医学毕业生之一，他获得了一枚金质奖章。精通多国语言的他开始游历欧洲,一边旅行一边继续学习。古德温幼年丧母,在仅仅一个夏天的时间里,他还埋葬了兄长和父亲。三年后的初春,他迎娶了海伦娜·苏格鲁,她是一个富商的女儿。这对二十多岁的夫妇在科克市安家,他被任命为科克女王学院的药物学教授,也就是我后来站在遗体前的那同一所大学的同一个系[1]。

在1858年7月29日出版的一期《自由人报》上,在一则有关约瑟芬皇后[2]十英尺高的雕像正运往马提尼克岛的新闻正上方,我发现了一份"芬恩皇家维多利亚湖酒店最近抵达者"的名单。在风景如画的度假胜地基尔尼[3],新来的客人包括"珀塞尔·奥利里夫妇"。他们在早餐室里漫步时,海伦娜挽着丈夫,向同行的客人们点头致意:优雅的勒亨特小姐、雅各布船长、克利夫小姐、波士顿的乔治·马丁和纽约的奥尔德曼·布拉德利。在他们经过的每张餐桌上,我都会摆上熨烫一新的餐布和银质餐具,每个陶瓷茶杯口都冒着蒸汽。

回城后,这对夫妇把家安在了西德尼广场9号。我曾站在这栋楼的外面,抬起手遮挡阳光,往上看,古德温和海伦娜的家就耸立在三层楼高的鲜红色砖房中。从街道到

---

[1] 指科克大学医学系,科克大学原名为科克女王学院。
[2] 拿破仑·波拿巴的第一任妻子。
[3] 爱尔兰西南部的小镇,著名旅游胜地,以其美丽的自然风光闻名。

大门有一段台阶，十四扇窗户朝向下面的城市山谷。每扇窗户后面都有一个房间，他们曾经在此活动。在一个阳光明媚的早晨，古德温一手提着一个窄长的箱子，另一只手撑着一把雨伞离开家。在去往学院的路上，他可以在城市中缓缓漫步。作为药物学教授，他整天都在讲授各种物质的治疗特性，以及如何利用它们来影响人体的运作。从古德温为学生设置的考试中，我们可以窥见他在工作期间可能说过的一些话。

阐述制备水杨酸和三硝酸铋时发生的化学反应。

描述毛地黄的特性、化学特征和药理作用，说明其拉丁名、药物形式、适应症、禁忌症和用药剂量。

鱼肝油的生理作用和用途是什么？

在加拿大西部，石灰岩和砂岩组成的嶙峋山峰深埋在苍茫的雪原之下。古德温是选举委员会的成员，他们选择了詹姆斯·赫克托[1]作为首席地质学家来领导第一支为该地区制图的勘探队。1859年，赫克托以艾琳·杜布孙子的名字命名了这些山脉。我不禁哂笑一代白人探险家的傲

---

1 詹姆斯·赫克托（James Hector, 1834—1907），苏格兰裔新西兰地质学家、博物学家。

慢,他们妄想为形成于原生代的山脉"命名",用新的名字替代世世代代了解这些山坡的人们所选择的命名,然而古德温的名字仍然出现在我找到的每一本现代地图集上。把我的指尖放在那个地方,按住他名字的字母,不仅能感受到他的生命——事实上也有艾琳·杜布的生命——的一些残余,也在体会别的生命。在这些山坡上,如今跳动着许多心脏:灰熊在洞穴里打盹,麋鹿顶着天鹅绒般的鹿角漫步,山羊和驯鹿在啃食地衣,狼獾和草雀在陡峭的白色山坡上俯冲。我的手指底下是古德温名字的字母,在他的名字下,脉搏仍在跳动。

1862年,大学里发生了一场火灾,起火点是药物学实验室。有关嫌犯的阴谋论甚嚣尘上,但我对这些指控并不感兴趣,我更感兴趣的是这一事件可能让我一窥古德温的人生。外科教授丹尼斯·布伦在证词中描述了火灾发生当天的场景:

> 房间里井然有序,只是我注意到,在门上方一个敞开的架子上至少摆放着十几个大玻璃罐,里面装着用酒精(其中一些是甲基化酒精)保存的病理标本。

大火最终被扑灭后,布伦回到现场,他注意到:

> 仔细检查地板的这些部分后,我——证人——

看到了明显的痕迹，好像有一种易燃液体（如甲基化酒精）从上述门下漏出，在木地板上形成了一个清晰的图形，而且当地板的这一部分着火时，浸有这种液体的部分被烧穿了。

他还描述了可能的责任人：

> 应当是某个熟悉上述学院情况的人，他非常了解药物学博物馆中的特殊物品；他可以进入该博物馆而不必担心被察觉，并通过普通手段进入上述房间，从而避免被发现……只需将手稿放在地板上，在它们上面淋上几个罐子里的东西，点燃一根火柴，然后锁上门。

当我想象那团火的炙热气息是如何在医学系升腾时，我感到诡异的是，这么多年后，医学系的现代地址的缩写是"FLAME"。也许，今时今刻之中总是包含着颤栗的昔时往日，无论我们是否感觉得到。

1862年5月16日的《科克宪法》[1]详细记载了火灾造成的损失：

---

[1] 爱尔兰科克市的一家报纸，爱尔兰最古老的报纸之一。

这座建筑的一个侧翼已经完全被掏空，另外，一座珍贵的病理学博物馆（多年来辛勤劳动所积攒起来的结果），以及大量贵重物品，被彻底烧毁……据说起火点在奥利里教授的房间，他是最大的受害者之一，他十一年来的手稿被烧毁，此外还有一台价值高昂的显微镜、他自己制作的一批非常珍贵的显微镜制剂以及其他一些物品。

这是对其毕生工作的破坏，我对他的性格了解得越多，我就越感到这种损失的悲痛在艾琳·杜布的孙子的余生中萦绕不去。

古德温开始抗争。也许他早就开始了，但是从1862年起，学校档案表明他没有好好履行专业职责。1865年，他的点名册没有归还，后来又发现点名册有问题，明明缺席的学生被标记为出勤。他曾尝试将他的一个讲课日改到周六，他表示承担了过多的工作。《沃特福德新闻》以"一件大事"为题，报道了古德温如何在一家放债人的办公室外卷入一场扭打。他的同伴爱德华·弗里曼被来自费尔莫伊[1]的印刷商兼文具商威廉·林赛拖欠了钱款，弗里曼先生逮住林赛先生的领子，告诉他自己口袋里有一把左轮手枪，他要用这把枪打死他，奥利里教授则掐住林赛先

---

[1] 爱尔兰科克郡的一个小镇。

生的喉咙,把他推到墙上,挥舞着马鞭,威胁说如果他不在保证书上签字,就用马鞭"抽"他。

古德温的雇主会如何看待这些事件?海伦娜呢?看到这种行为被刊登在报纸上公之于众,她会作何感想——是震惊、羞愧或愤慨,还是说与他共处一室的女人熟悉这种举动?1867年,他收到了校长的来信,询问他为何在4月14日就提前结束课程。古德温不在房间里,他已经走了。

在1869年5月12日的一份报纸上,我发现了如下报道:

> 女王学院的珀塞尔·奥利里教授昨晚在城里的一家旅馆过夜,他的男仆于11点左右去找他。经过王子街时,有三个人遇到了他们。不知这三人说了或做了什么,教授掏出左轮手枪对准他们,随即有人喊了一声"警察"。教授随即放下武器,走近那三人,开始向他们解释这个武器的优越性能和形状,以及它的攻击力。
>
> 就在这时,又来了两三个人,当教授手握左轮手枪时,有人从他背后抓住并夺走了他的手枪。随后发生了一场混战,教授被打倒在地,但他未能夺回他的左轮手枪。

古德温的性情颇不稳定，有时会出现这种奇怪的爆发，有时又极富智慧、思路表达都很清晰。1870年，《科克观察者》[1]详细报道了古德温为文学与科学协会的杰出会员所做的客座演讲：

> 大家普遍认为，这次演讲是该学会有史以来最精彩、最有趣的演讲之一；技术细节阐述得非常清楚，闪现的机智和幽默、优美的想象和古雅的口才使演讲生动活泼，收获了热烈的掌声。

1873年，《科克宪法》记载了在该市举行的一场音乐演奏会，演奏的曲目是"歌曲《黑发女孩》(*The Colleen Dhu*)——由珀塞尔·奥利里博士作词"。"Dhu"是"Dubh"的缩写。同年，《布拉德福德观察家报》刊登了标题为《皇后镇的不寻常事件》一文：

> 周一，珀塞尔·奥利里教授像疯子一样穿过皇后镇的街道，他身着代表波斯国王的黄色西装和麂皮及膝马裤，手持宝剑、弓箭和大棒，头戴一顶金冠作为帽子。他在傍晚时分被捕，并被带到皇家法官麦克劳

---

[1] 爱尔兰的一家报纸，总部位于科克市，创办于1841年，现更名为《爱尔兰观察者》。

德先生和太平绅士比米什先生面前，罪名是用左轮手枪瞄准他的一个仆人的头部并开枪。这位不幸的绅士整日都在城里走来走去，被人群特别是一些流民尾随，他们以为他是印第安野人，有几次他还用棍棒和箭把他们打得四散奔逃。劳埃德上校在科克皇家游艇俱乐部附近遭到了他的袭击，帽子被打掉了，他不得不急赶至科克俱乐部避难。后来奥利里教授乘火车回家，撞见一个年轻女人在他家卖草莓。他拿着一把上了膛的手枪迎上去，朝她的头顶上方开了一枪，把这个可怜的女人吓得魂飞魄散；之后，他用一把剑将他的一些家具砍成了碎片。他在布里德威尔还押候审了八天。

那些所谓"他的"家具是从哪儿来的？可能是继承的吗？真正的传家宝：冲动、愤怒、怨恨和鲁莽——这些特征在这个家庭更广泛的情感结构中并不陌生。每找到一篇新闻报道，我都会为海伦娜感到难过。当我读到1873年7月5日的《斯莱戈冠军报》[1]，不禁战栗：

> 科克女王学院教授珀塞尔·奥利里博士于周一晚间在皇后镇被逮捕。奥利里夫人和她的仆人艾伦·达

---

[1] 爱尔兰西北部的一家地方性报纸。

利告发了他，指控他多次使用暴力。他用左轮手枪指着仆人，并掐住妻子的喉咙。他的暴力行为如此之严重，以至于她们不得不离开家。

1875年，他辞去了教授职位，前往英国，与母亲的兄弟，也就是与他同名的舅舅住在一起。古德温·珀塞尔牧师将毕生精力奉献给了他在德比郡查尔斯沃斯村的教会。在那里，他筹集资金修建了一座简陋的小教堂、一所学校和一座牧师住宅。1876年7月9日上午9点30分，艾琳·杜布的孙子古德温·珀塞尔·奥利里在这个有着陡峭山丘和粗砂岩建筑群的村庄里去世，享年五十九岁。他在《柳叶刀》上的讣告让我们了解了他在英国时期的生活。

在过去的两年里，他饱受慢性肺结核（Phthisis）的折磨，退休后住在查尔斯沃斯，以期恢复健康；除了他的亲属外，甚少有人知晓他显赫的声誉，也甚少有人了解他沉默寡言、不显山露水的举止下所隐藏的才华。

我发现，"Phthisis"是慢性肺结核的古称。古德温的舅舅获得了遗产管理权，但遗嘱有附件，载明教授的个人财产"不到100英镑"。然而，当海伦娜于1889年去世时，她留下了 3769 英镑 9 先令 4 便士半的遗产。

《国家报》刊登了一篇关于古德温葬礼的报道,描述他在三副棺材的仪仗队列中离开了曼彻斯特:

> 7时30分,出殡的队列抵达基尔克雷修道院。送葬队伍在两旁高大榆树的掩映下沿着美丽的林荫道前行,奥尔德沃斯先生主持了英格兰教会的葬礼仪式,一群哀悼者站在灰色废墟耸立的地方,傍晚的阳光照亮了这一历史遗迹的中殿、回廊和礼拜堂。仪式结束后,遗体被放入墓穴,与祖先的尘灰放在一起,然后墓穴被永久封存。

到此结束。他的另一份讣告是这样开头的:"一位名人离我们而去,他的名字和辉煌成就远远无法用一则简短的布告概括。"讣告的结尾是这样的:"奥利里博士的祖父与奥康奈尔女士结为连理,她是已故国会议员丹尼尔·奥康奈尔的父亲的妹妹,后者曾居于凯里郡德林内恩。"她终于出现了,我们的艾琳·杜布,她再一次被标记为母亲和妹妹了。

我一直在古德温的生活里找了又找,渴望找到她的踪迹,然后,就在最后一刻,哇!她出现了,又一次置身于男人生命的边缘。

又一个结局出现在我面前,这一次,我再次不情愿地面对它。我渐渐喜欢上了这位教授,因为通过他,我看到了一种性情如何代代相传。在研究古德温的一生时,我感受到了阿特的激烈和冲动,但我也感受到了艾琳·杜布的一些特质:她的骄傲、愤怒和智慧,因为这些特质在另一个生命中回荡。

花费这么长时间去面对历史资料,可能会令人头晕目眩,而且这旅程并不始终是理性的;一个人追寻过去的时间越长,他观察到的巧合就越不寻常。作为一名业余爱好者,在历史研究浩瀚的海洋中划桨,我对自己找到的每一条信息都感到怀疑。我找到的关于艾琳·杜布次子的任何学术研究都表明菲尔,或者说费迪南德,后来成了一名牧师,然后消失了,但我不相信。因为我找到了他,我真的找到了,不是用什么方法,而是纯属偶然。

他第一次给我带来惊喜时,我正在浏览一本旧的婚姻保证书记录册,寻找他父母结合的证据。然而,当我翻到利里(Leary)的"L"时,他们的儿子的名字却跳了出来。费迪南德!我想,你在这里干什么?我的指尖摩挲着他的名字,心里笑了。我想,肯定不会是他,否则早在我之前就会有人发现这样一条记录。然而,新的希望开始在我心中悸动,像心脏一样红润而有力。如果这是艾琳·杜布的儿子,他可能会为她的人生提供不同的线索。我的指尖摩挲着其他几对男性和女性的名字,每次我来查验费迪南德的名字的条目时,我的脊背都会起鸡皮疙瘩。

乔治·利克和安·珀塞尔　1763 年
塞缪尔·利克和琼·斯蒂芬斯　1680 年
费迪南德·利里和　　　　　　1797 年
提摩西·利里和简·基尔帕特里克　1720 年
托马斯·里斯和玛丽·玛拉　1779 年
安·里维斯和罗伯特·洛　1796 年
玛格丽特·莱巴特和约翰·里斯　1777 年

在这次探索中,我没有找到简单的答案;每一条线索都带来更多的问题。就连这份文件也暗藏玄机——唯有费迪南德的这一行在女人名字处留着空白。无论我转到哪里,迎接我的都是另一次抹除。

我根据艾琳·杜布在《挽歌》中提到他还是个婴儿这一事实,倒推出他的出生年份大约是 1772 年。这让我得出结论,这份婚约(可能)应该是在他二十五岁上下起草的。不过,如果他后来结婚了,我也找不到证据。但我发现了另外一段关系的证据。

当时我一心只想找到他的哥哥,正聚精会神地翻阅教会档案,寻找康的洗礼记录。我确实找到了一个名叫科尼利厄斯·利里的人，但他的日期与我要找的那个人不符：又是一个死胡同。我正准备重新开始，却注意到这个婴儿的父亲叫费迪南德。两个名字如此相近，这巧合吸引了我。我追随这个父亲的名字，翻阅记录，逐页查阅数字化页面，同时低声念叨着"费迪南德·奥利里，费迪南德·奥利里"，我重复的念声像召唤，又像咒语，但都无济于事。什么也没有。我敲在键盘上：搜索。返回。搜索。返回。最后，我回到原始记录，记下了这位科尼利厄斯的母亲的名字——凯瑟，即凯瑟琳·穆兰，我开始跟踪她，蹑手蹑脚地跟着她一次又一次走进教堂，每次她都抱着一个新生婴儿。

她分别于1818、1820、1823、1825、1828、1830、1831和1836年站在洗礼盆前，每一次新的洗礼，她伴侣的名字在数字化页面中都有所不同：这次是奥斯曼，下一次是特德曼德，再下次是弗雷德里克。我的怀疑犹如电流一般强烈，促使我不断比对这些文件，想要将它们与古老教堂记录册中难以辨认的铜板刻字进行印证。我指尖的暗淡的手术刀痕沿着那些手写的名字轻轻划过——在每个洗礼记录中，父亲的名字都是相同的。[1]

我很激动，但我还是痛苦地意识到，我不是学者，我

---

[1] 图中铜板刻字所记录的名字均为费迪南德（Ferdinand），但在"我"查询到的数字化页面中，文字识别结果误为奥斯曼、特德曼德、弗雷德里克（Osmond、Terdmand、Frederick）等。

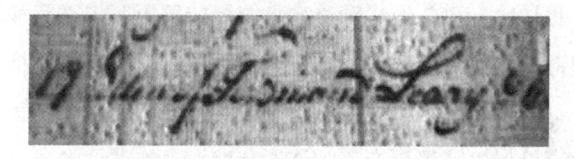

的推测可能太离谱了，这人可能根本不是艾琳·杜布的儿子。我的证据只是我身体的证据——当我看到他的第一个女儿名叫埃伦，他的两个儿子名叫亚瑟和科尼利厄斯时，我哭了。这一发现再次让我想起了他的舅舅们讨论去巴黎的教育基金的恼人书信："然而摩利斯，康纳告诉我，你和你的兄弟们已经提名他的一个弟弟获得第一个席位。"

1817年7月9日，费迪南德与凯瑟琳·奥穆兰在科克市的圣玛丽教堂结婚。我读到他妻子的名字，感到非常困惑，因为在这个名字中，我感觉到了一种回声，而我却无法确定它的来源。过了几个星期，我才意识到这个名字为何如此耳熟。我曾经读到过德林内恩的奥康奈尔家族和怀特彻奇的奥穆兰家族之间的另一次联姻，当时艾琳·杜布的哥哥摩根娶了他们家族的一个女儿。他们的子女中包括政治家丹尼尔·奥康奈尔，这意味着许多学者已经研究过这一家系，这让我很容易找到他的母亲凯瑟琳。她在六十多岁时去世，比丈夫晚了近十年。她没有和他一起葬在奥康奈尔家族的墓地，而是选择葬在自己祖先在纽伯里的墓地，墓碑上刻着她的名字凯瑟琳。我不知道艾琳·杜布是否会选择安葬在修道院岛上她自己的亲人中间，我开始渴望找到她儿子写家族史的那本"圣经"。

虽然花了一年多的时间，最终我还是找到了那本"圣经"，或者说是它找到了我。当时我坐在市图书馆的顶楼，坐在那些陈旧到必须锁在玻璃储藏柜的书中间，借阅时还有两个人在一旁监视。我回来仔细核对历史学家约翰·柯林斯提到的一个日期，这时我注意到，他后来发表了一篇关于阿特之死的文章的增补。我怎么会漏掉这一篇呢？正是在这篇增补文中，我发现"圣经"终于从康的手稿转录成了活字。我一字一句地读着，寻找他提到母亲的那一刻，那时我所有的疑问都将得到解答，我也将得到安宁。我的视线从头至尾驰骋在文本上，然后砰的一声，我的头撞在了桌子上。在两个默默注视的男人面前,我开始哭泣。

我,科尼利厄斯·奥利里,于 1814 年 4 月 25 日在圣安妮香农堂与玛丽·珀塞尔结婚,由该堂的助理牧师理查德·李主持。科尼利厄斯·费迪南·珀塞尔·奥利里于 1815 年 10 月 6 日出生,并由我指示,于 1816 年 2 月 11 日由理查德·李牧师施行洗礼。他出生当天在格莱德小屋(位于格兰米尔,属于莉莉小姐)接受了私人洗礼。我们从 1815 年 10 月 3 日到 1816 年 3 月 25 日住在那里,之前住在科克大游行道 2 号。1824 年 9 月 19 日,他在纽马克特教堂由科洛因主教沃伯顿施坚信礼。(1846 年 6 月 21 日卒于上德洛摩尔。)

1817 年 3 月 19 日,古德温·理查德·珀塞尔·奥利里出生于克莱什摩根小屋。他出生后一小时我为他施洗。1817 年 7 月 12 日,在克莱什摩根,他接受了穆恩修道院院长亚瑟·赫伯特牧师的洗礼。他的姑姑詹姆斯·珀塞尔夫人和两个表亲苏珊和安妮·珀塞尔出席了私人洗礼。1817 年 7 月 25 日。科·奥利里。

(据我所知)我于 1768 年 8 月 28 日出生在西马斯凯里男爵领地托纳德罗马教区兰令,我的父亲,兰令的亚瑟·奥利里先生,于 1773 年 5 月 4 日在卡里加尼玛被枪杀。我的妻子玛丽·奥利里，又名珀塞尔，于1774年3月18日出生在斯普林格罗夫。1827年10月写于巴黎，科尼利厄斯·奥利里。（另一手写）1830年1月1日，她在科克郡的星期日井去世。

（上述科尼利厄斯·奥利里先生于1846年8月26日在上德洛摩尔去世，享年77岁11个月零23天。）

我强迫自己一遍又一遍地读第三段，仿佛重读能从他的字里行间挤出她的名字。她就在那里，我们的艾琳，她一如既往地消失了，被又一则男性文本所抹杀。如果我不能在这里、在她儿子的手中找到她，那么我将无处可寻。我大脑中理智的部分坚持要我现在就放弃，但我还是停不下来。怎样才能让我放手呢？

在我开始这次探险时，许多档案已经数字化并向公众开放在线访问，因此我的好奇心不再受任何开放时间的限制。星期二凌晨四点，我是唯一醒着的人。我蜷在毯子里，跟随阿特的弟弟再次跑过我们的城市，爬上一艘船。我一路跟他到了美国，法利·格拉布汇编的旧版《宾夕法尼亚公报》上刊登的许多离家出走的仆人、囚犯和学徒的广告中，出现了他的名字。然后，我跟着他来到他将要结婚的教堂门前，看着他的名字一个字母一个字母地出现在婚姻登记簿上。我跟着他走过艰难的岁月，直到他在远离家乡的地方去世。有多少信可能从兰令的房间漂洋过海来到他的手中？有多少文字可能从他认识的人的思绪中飞来，落在他的心里？寂寥的时候，当他的脸转向窗户，他是否曾感觉到皮肤上笼罩着一层阴影，怀疑自己仍被追杀和纠缠？当他抬起头时，绝不会有任何人在那里，没有兄弟的亡魂，没有地方官，也没有寻求赏金的雇佣兵；如果他感到有人在看他，那只有我，只有我。我追随他，就像追随所有人一样。我追随着艾琳·杜布，直到她消逝在黑暗中。我跟着她的儿子康经历了三次婚姻和三个儿子的出生，然后跟着每个儿子从出生到入土。我跟着费迪南德和凯瑟琳一次又一次地来到洗礼盆边，每次都停下来，看一条小河在他们孩子的头发上荡漾。我付出了生命中数月的时间，蹑手蹑脚地勉力跟在这些陌生人身后，为了什么？我还记得，我曾以为这项任务能让我为一位我敬佩的女士服务，但我自学成才的小本领却屡屡受挫。我已经尽力了。

也许，我想，放手是我对艾琳·杜布的第一份真正的善意。但我也还是难以做到。我一次又一次地告诉自己，我必须放开她。然而，当我躺下睡觉时，我还是用力握住她那只隐形的手，以至于当我醒来的时候，我的掌心印着四个红色的月牙。

16. 野蜂和它们吵嚷的好奇心

Cion an chroí seo agamsa

我心中所有的爱

——艾琳·杜布·尼康奈尔

1. 坏虎斑猫

一位老太太去世了,我带着一车的孩子,准备好手提包里的她的钥匙,来到她家。她的家和我们按揭文件上的那些数字一样,现在是我们的了,但这座房子感觉还是她的。在"出售"的招牌被撤下后,我抓住这个陌生人的生活里留下的一切细枝末节——她的塑料挂钩在晾衣绳上瑟瑟发抖,她的茶杯彼此塞在一起,像梦一样干净,她的水槽底下有一篮子柔软的除尘布。除了衣架,她还在衣柜内壁贴上了墙纸,让衣柜有了一种房中房的感觉。我温柔地照顾她的每台机器,擦洗它们,让它们再次启动,让滚筒式烘干机、微波炉、洗衣机和洗碗机的齿轮复活，直到它们都重新运转起来。我们一块一块地把平装床组装在她已经站了五十年的地方；我希望我很快就能在这里抱上一个新生儿。当我顺时针扭动扳手来紧固床头板时，我想知道我是不是也会继承她的梦想。

花园里有一只小流浪猫，瘦弱而野性。我想，这小家伙真可爱。我把她从荆棘丛生的荒野中拎起来，她用爪子挠着，发出嘶嘶的声音。我把她按在胸口。她挣扎得越厉害，我就抱得越紧。我想，这是我的。她发出嘶呼的声音。我读到过，给流浪猫狗做绝育手术是善举，但当我开始查找当地的宠物医院时，还是被费用吓了一跳。尽管如此，我依旧预约了绝育手术，买了一袋猫粮和一个塑料携带笼。这只猫消耗了我的钱，也消耗了我丈夫的好心情。他说，他生气并不是因为他讨厌猫，至少不单单是因为这个，还因为我平白无故就把更多的责任强加给我们：更多的孩子、更多的计划、更多的宠物。我耸了耸肩。让他生气去吧，她值得这个代价。她的凶狠的绿眼睛属于我了，我为她的快乐而快乐。当我偷看她用爪子抓起一只可怕的老鼠尸体，欢快地摆弄它时，我觉得我们是多么相似，太相似。她也越来越喜欢我，喜欢睡在我们的床上，每晚都用她的脸颊亲吻我的下巴，直到让我沉醉在自己像金色威士忌一样的仁慈之中。我丈夫在睡梦中踢了踢。

很快就到了兽医给猫做手术的日子。我把她锁在塑料笼子里，付钱让他切开她，偷走她未来所有的小猫。她当初的防备心是对的。

她醒来时，踉踉跄跄地离开了我，在花园里摇摇晃晃地走着。我张开双臂追她。来，小猫咪，来，小猫咪。

11 . 潺潺之音

我爱这座花园，这座花园也爱我，但它确实不是我的。我将永远与花园的始建者共享它，她曾经穿着背心裙来到一栋新建的公房，并终生照料这座花园。我不知道她现在在哪里，但她的球茎就埋在这儿。在我来到她的花园的第一个清晨，我很快领会了她的水仙花的黄油般的问候：它们点头了。我也点了点头。

耕耘这片土地，就是在筛选和考古一个陌生人的思想。每当我发现一个过去的球茎或掩埋的用于排水的破杯子碎片时，我都会感谢她的劳动。每过一个月，更多的她的花朵从泥土中抬起头，用粉色、黄色和天蓝色礼貌地向我问候。我不知道它们的名字，但是，在我除草、修剪、浇水、施肥的时候，我都会想起她。我轻柔地拍打泥土。我的指甲总是很脏，我的手掌因为使用铲子起了泡，我的膝盖湿透了，但我不在乎。我在这里很快乐。在布置这一小块土地的时候，我小心翼翼地选择，因为我对这里有一种特殊的渴望：我想把蜜蜂引过来。

很快，我们的窗台上就布满了盛放种子的塑料盘，每一方黑乎乎的泥土都覆盖着绒毛，小苗从一片漆黑中探出头来。我喜欢它们发芽的稚嫩的肢体，喜欢它们戴着种子壳儿，就像戴着一顶快活的帽子。在屋外，我的丈夫敲着缓慢的节拍，用他的鹤嘴锄来来回回敲打，为我砍出一片新土。当我们停下来喝咖啡时，他比平时安静许多，但我不太能注意到他，那只是因为我一心想着蜜蜂。

我曾读到过，爱尔兰有许多种大黄蜂，而其中三分之一可能会在十年内灭绝。我开始劳作，猫在墙上看我，我是个笨拙的园丁，不会用小铲或铁锹挖土，我用的是凹陷的汤勺。每一天，我都在挖土，哼哼唧唧地耙地，从棚子里翻出堆肥，摆放好丰满的植物和球茎，然后把它们拍得严严实实。我选择种植的每一株植物都有很多的花蜜和花粉，每一簇颜色的绽放都是为了引诱蜜蜂。我握着丈夫的手告诉他，这里将会有向日葵和雪绒花，那边是薰衣草和灯笼海棠。外围将种上山楂和榛子树篱。我会引诱忍冬花沿着墙壁生长，我们也会放弃前面的很宽的一带未经开发的荒野，荆棘和蒲公英将在那里蓬勃生长。我说，这里会变得非常美丽，我兴奋地笑着吻了他。我决心重新打造这里的空气，直到它唱起很久以前的歌儿；我想让它倒带，让它和蜜蜂一起嗡鸣。

我们认为我们可以想象过去，但这是不可能的。小时候，我被历史深深吸引，有时会坐在小溪边，想做白日梦回到过去。伴着潺潺的流水声,我开始冥思遐想,先是忘却远处车水马龙的喧嚣,然后试图进一步笨拙地减去所有其他现代的回响。我告诉我的耳朵,就要这个声音景观,是的,但要减去汽车、拖拉机、飞机的声音,减去工业化耕作的悲哀的牛哞,减去这一切,直到只剩下溪流轻巧的声音和鸟儿的鸣叫。此刻,我告诉自己,这个,这个声音一定是过去的真实的声音。我错了。很久以前,空气也从未像我想象的那样安静。它是有生命的,弹奏着那些习惯了苦役的姐妹们的曲调,那些总是一边工作一边哼唱的人们在合唱。

III . 敞开的缝隙

随着新的植物在阳光下舒展开来,蜜蜂也陆续到来。我从车库里拖来一张布满蛛网的草坪椅,在它们浏览我为它们种植的礼物时,偷窥它们忙碌的身影。猫踱过来嗅嗅我的小腿。看着蜜蜂,我想起了诗人宝拉·米汉。我曾听她描述中世纪的爱尔兰如何珍视蜜蜂,当时我们的布莱昂法[1]设立了合法框架来规范它们的行为。在三一学院收藏的十四世纪的《塞克苏斯·莫尔》卷中,一张皱皱的羊皮

---

1 布莱昂法指爱尔兰古代的一套法律体系,也被称为凯尔特法律,是一种基于习惯和传统的法律。

纸上保留着一些古老的贝赫布雷莎指令[1]。如果有人碰巧发现了一群游荡的蜜蜂,据说他们可以合法地收养它们。如果发现一群蜜蜂在别人的地盘上乱窜,可以允许它们在几个季节里自由地"蹭吃蹭喝"(采集花粉)。然而,如果这种盗窃花粉的行为持续到第四年,被盗窃的邻居将得到一窝属于自己的蜜蜂作为补偿。蜜蜂飞越了法律,进入了民间传说。在二十世纪三十年代沃特福德[2]抄录的学校藏书馆档案中,我从我最喜欢的一个故事里,听到了它们的歌声。希万·尼洛纳十三岁时,把母亲口述的这个故事誊写下来,这是一个飞行的女性文本。我将其翻译如下:

> 很久以前,在安林[3]悬崖的深处有一个环形堡垒。有一天,一个人爬了下去,他不知道里面有什么。忽然间,悬崖打开了,数百只蜜蜂飞了出来。然后,一个小个子的人出现了,把他带进了悬崖,走下了一个高高的梯子。在最下面有一个房间,他发现里面有许多仙女,她们都在唱歌跳舞。他在里面关了三年,当他最后离开时,仙女们给了他一罐金子。这个故事是我四十岁时从母亲那里听来的。

---

[1] 贝赫布雷莎指令是爱尔兰古代法律中关于蜜蜂的特别规定和法令。
[2] 爱尔兰东南部的一座古老城市。
[3] 一个风景秀丽的海边小镇,拥有壮丽的海岸线和悬崖。

每当我重温这个故事,我都会觉得它变成了一艘承载声音的船只。倒回去,再来听一遍,现在:听听大海的起伏和咆哮,冰冷的海水滴落在涂满淡黄色斑点的悬崖上,一个男人的呼吸,在爬下岩石时断断续续,全是咕噜声、抓握声、咕噜声和抓握声,而在这些人类费力的声音之外,在海鸟愤怒的叫声之外,在鹅卵石轻微的移动和歌唱之外,另一种声音正在响起。这声音来自内部——不——它从内部嗡嗡作响,来自悬崖深处深不可测之遥,穿过悬崖上所有隐藏的洞穴和密室。男人在听到声音之前就已经感觉到它了。他感觉到指尖的空气在颤动,胸口突然隆隆作响,胸骨后面也有了回响。但他仍然紧紧抓住石头。现在,悬崖正嘎吱嘎吱地摇晃着,他目不转睛地看着裂缝越来越大,一个缝隙正在打开。在裂缝中,一座蜜蜂之城正快速移动,速度比密雨还快。单只蜜蜂发出的嗡嗡声,我们很容易想象,但现在我们必须通过许多次的重复放大这种声音。还有更多。更多。听:它们来了。

那个人进去了。

悬崖关闭了。

他被困在蜂巢般的建筑中的那些岁月不为人知。没有他,四季依旧轮回。当他最终成功逃离那些充满歌舞和魔法蜜蜂的房间时,他的临别礼物是——还能有什么呢?——金子。他将那抹甜蜜的光芒藏于腋下,阔步走出悬崖,走出这个故事,走向某个听众们无权知晓的未来情节。这段文字的最后一句话很简单,却蕴含着巨大的力量:"这个故事是我从我母亲那里听来的。"

IV. 我不忍心告诉蜜蜂的事

关于这个古老的故事,我还有很多想知道的。那个人一开始在悬崖上干什么?蜜蜂去了哪里?他的亲人还在讲述他的这个故事吗,还是他们都忘记了?那些蜜蜂的祖先是否还在那个悬崖上徘徊,在忍冬花的花铃中摸索?

我觉得关于蜜蜂的少许情节要比男人胜利获得金子的故事有趣得多,然而它们却很快被当作边缘角色被抛弃,输给人类叙事。我想问希万的母亲的第一个问题就是:"那些蜜蜂怎么样了?"我能想象她恼怒地回答:"它们只是蜜蜂而已。"然后转头去做别的事。

的确,它们只是蜜蜂而已。由于我们缺乏使人类成为有道德的存在的神经系统,我们以为其他生物的生命——它们独特的驱动力和故事情节——逊色于我们的生命。然而,一只蜜蜂会牺牲自己让姐妹们活下去,这是人类很难做出的决定。这与自私背道而驰——如果它蜇人,那也是为了保护其他同伴免遭危险,它知道自己很快就会倒下,在泥土里吐唾沫,为其他蜜蜂的生存而献出自己的生命。

如果这些蜜蜂离开了我为它们打造的甜品店,我会多么寂寞啊。我尽我所能鼓舞它们，我为它们哼唱歌儿，给它们喂食，为它们遮风挡雨，我爱它们。我不惜一切代价也要留住它们，即便这意味着要对它们撒谎。人们常说："告诉蜜蜂，告诉它们丧亲之痛、家庭变故，你必须告诉蜜蜂，否则它们就会飞走。"我有一个秘密，我知道我应该告诉蜜蜂，但我一直保守着秘密，因为我无论如何不愿它们离开。[1]

我不忍心告诉它们的是，我丈夫一心想阻止我们的家庭继续壮大。他想做节育手术。如果他成功，我渴望的未来的孩子都不会有了。他的理由很多，也很复杂。而我的理由听上去却很肤浅，以至于我听到自己大声说出这些理由时都感到害怕，但我还是一遍又一遍提出同样的问题，而且总是悲伤地歪着头。"可是我怎么办？我想再要一个孩子。"我看着他苍白的脸和黯淡无光的眼睛，问出这个贪婪的问题。他总是摇头。我闷闷不乐地躺在床上，猫儿趴在我胸前咕噜咕噜地叫，我试图想出一些办法来阻

---

[1] 这句话有些自相矛盾。译者征询作者意见后，得到如下回复："叙述者知道她应该告诉蜜蜂，从而确保它们会留下来，但仅仅是想到蜜蜂可能会逃走，她就不敢这么做。也许她并不相信民间故事中'告诉蜜蜂'就能确保它们留下来的说法。也许她也害怕大声说出这件家事。你说得对，她冒着失去蜜蜂的风险来保持自己的沉默，这不符合逻辑。……她的思维常常是浑浑噩噩的，比如在分娩前，她继续做着琐碎的家务，而不是采取合乎逻辑的行动立即赶往医院。就像那个场景一样，她错误地试图控制无法控制的事情，无论是生育还是蜜蜂的活动规律。"

止他。

这是一个晕血的人,只要一提到针头,他就会捏紧拳头。每当电视上说明这些手术步骤时,我都会看到他不寒而栗的样子。我见过他紧张兮兮;我见过他畏缩不前。我试图用这些恐惧来削弱他的决心,一次又一次地问他是否考虑过手术过程中血淋淋的现实,但他太了解我,他看穿了我的阴谋,只是耸耸肩。"你太自私了。"我说。"我有吗?"他回答,"你再好好想想吧。"

我有好好想过。我明白他娶了一个热爱生育的女人,一个习惯于沉浸在悉心打理的爱中的女人,一个全身心跪在家务劳动中的女人,一个甘心成为清单暴政的影子的女人。他在我们家里看到的是一个已经筋疲力尽的、焦头烂额的母亲,和一群需要他们的父母给予更多而不是更少的孩子。他说,好好想想吧,我越想,便越能理解他的论点。有人声称比我更了解我的需要,这也许让人不痛快,但意识到他是对的、他希望提供帮助,即使这样做意味着要对他自己动手术,这又会让人痛苦。当他解释说,选择这种手术能够让我俩摆脱疲累,十年来我们将第一次不再有奶睡造成的破碎的睡眠,不再牙齿发炎,不再处理纸尿裤,他的眼里闪烁着爱的光芒。我想问他,如果没有孩子可以照料,我该怎么办呢,但我不忍心打断他。他目睹我剖腹产下四个孩子,现在他要求把手术刀伸向他自己的身体。他说,一劳永逸(Once and for all)。永逸(For all)。

我开始明白他的意思了——如果他的决定是自私的,那也是无私的。

Ⅴ. 一刀一剪 / 一瘸一拐

在前往诊所的路上,我的叹息越来越频繁。丈夫停车时亲吻了我,女儿在儿童座椅上打着呼噜。我看着他的眼睛。"你确定吗?"我问道。"是的,是的!你在这儿等着。我很快就回来。"他微笑着离开了。

我生着闷气,撕开 Twirl 巧克力的紫色铝箔纸,用力把巧克力扔进银色包装里,一边刷手机一边赌气地咀嚼着。我贪婪地读着男性绝育手术的要点,试图拼凑出那个房间里可能正在发生的事情。我脑海中浮现出一位带着标准的职业性微笑的医生,他穿着白大褂,留着俏皮的小胡子。我想象他在我丈夫的阴囊上涂上麻醉剂,他的一只手上有一把银色剪子,另一只手上有一根针。

他剪开皮肤,我丈夫则移开视线,回避那个缝隙敞开的画面。然后,他灵巧而熟练地一捏,就在皮肤下找到了一根细小的管子,干净利落地将它从睾丸中拽出,像裁缝拽线一样决绝。就在医生切断这根将我们与未来所有孩子联系在一起的线之前,我丈夫的指尖可能会感觉到空气在微微颤动。邪恶的剪刀"咔嚓"一剪,医生点点头,用一个小小的手术夹子固定住。我还要想象缝合、包扎和信息填报的事宜，但我想象得太慢了，因为我的丈夫已一瘸一拐地走进停车场，朝我坐的地方走来，我擦了擦嘴唇上的巧克力，突然对这个偷孩子的窃贼感到一阵温柔。他带着伤痕缓缓返回，似乎是踉跄着。如果利他主义可以说是将他人的福祉置于自己的身体舒适之上，那么它此刻正在我面前发生，纯粹而神圣，绕过一个空的薯片袋，朝我拧着一张脸。

此时此刻，我很不情愿地接受了他人的礼物。我不想要他的这种姿态，我不想与这个结局有任何关系。但是，尽管我强烈反对，我已经无法再怨恨了。他的决定，以及他为此所承受的身体上的痛苦，都是一个奇怪的礼物。他不仅解放了自己，也解放了我。如果我不能再怀抱一个婴儿，也许我会开始在别的方面生长——一些我还无法想象的方面。

Ⅵ. 告诉

这个秘密我瞒不了多久，瞒不了我的宝贝蜜蜂。虽然我很爱我的丈夫，但我知道我必须举报他的所作所为。我发现它们跌跌撞撞地穿过狐尾草的紫色花厅。在那里，我排练了我要说的话：我的丈夫选择了一把刀而不是我们的家，我们家将永远不会再添丁了，现在，正如我所希望的那样，我比以往任何时候都爱他，但我也十分悲伤。当我准备发言时，我的嘴唇在丑陋的自怜中微微颤抖，可是蜜蜂没有同情我。我本该更仔细地聆听它们每日归来嗡嗡的声响。它们的判断力就是这么神奇——在我开口之前，它们就猜到了我的意思，只是点了点头。它们留下来了。

17. 金雀花迷蒙一片[1]

> dúnta suas go dlúth
> mar a bheadh glas a bheadh ar thrúnc
> 's go raghadh an eochair amú.
> 将我的心紧紧封住
> 就像一把锁紧紧锁住了一个箱子
> 我失去了它的金钥匙。
> ——艾琳·杜布·尼康奈尔

正如心有其室，诗有其篇，房子也有它的屋子。在其中，一个悸动的存在时隐时现。一间屋里有一面镜子，镜子里有一个正在擦洗水槽的女人。她停顿片刻，然后弯下腰，窥视着她最珍爱的房间。也许是旧墙纸的缘故，这间橱柜有一种房中房的独特气息，这是她曾经熟悉的另一个房间的回声，在这里又以微缩的形式重现，因为在橱柜的

---

[1] 英国诗人托马斯·格雷（Thomas Gray, 1716—1771）在其著名诗歌《墓园挽歌》（*Elegy Written in a Country Churchyard*）中的一句诗句。

门外，放着一个装在皱巴巴的袋子里的泵乳器。小小的引擎，小小的脉冲，被温柔地拆卸和打包，静静地躺在这里，它的线缆早已与主体分开。看着它，就会再次唤起它昔日的咕噜声和嘶嘶声：记忆中的合唱。正确的做法应该是把它送给能更好地利用它的人，但我无法想象自己没有它的存在，就像我无法想象我的生命中没有艾琳·杜布一样。

当我最初专心致志地寻找她的生活轨迹时，我希望通过为她奉献来纪念她。直到现在，我才知道她给我多么丰厚的回报。在我的生活与她的生活发生碰撞之前，我的许多时间都花在了母乳和清单的双重需求里，以至于我没有注意到周围的金雀花已经不再鲜艳。现在，我喜欢看黄色的花瓣在微风中摇曳，喜欢看每一根刺尖，甚至喜欢看它们之间光秃秃的缝隙。我现在知道，无论我如何仔细观察，艾琳·杜布生命中的某些部分对我来说永远是隐秘的。我的手已经学会带着敬意悬垂在这些缝隙间，而不是怨恨那些我无法找到的空白。我想要了解另一个女人的努力并未以发现的喜悦告终，而是停留在挥之不去的谜团里。

这些年，我看到了一种间接的拥抱——我抱着她，抱着她，却发现她也抱住了我，像纸上的墨迹与纸一样紧密，像脉搏一样稳定。直到现在我才明白，我不能再这样静静地自私地拥抱她了。如果我能想办法把我从她的生命中了解到的一切传达给别人,也许有人会发现我所不知道的线索,而我也可能从他们那里了解到更多关于她的事。为此,我将不得不放弃一些非常珍贵的东西。我还必须向结局投降。

在基尔克雷最后一个阳光明媚的傍晚,我的女儿在前面飞奔,在石头间攀爬,飞快地奔跑,直到她消失在我的视线中,我又独自一人,追寻她的声音。

我从教堂中殿大步走到礼拜堂,抓住她,她骑在我肩上,我们来到艾琳的男人们的坟墓前:丈夫、儿子、孙子;骷髅、骷髅、骷髅、骷髅。她会不会也在这里,她的指骨和他们的指骨在一起,都被放入同样破碎的黑暗中?也许是的。也许不是。我提醒自己为何而来。我闭上眼睛去看。我念出她的名字。我感谢艾琳·杜布,我把该说的都说了,感觉每个字都在微风中飘走,离开了我。

我的女儿咯咯笑着从我手里挣脱,然后她跳着,尖叫着。我不想离开,现在还不想,但我担心这样兴高采烈的叫声会惹恼一些看不见的哀悼者,所以我叹了口气,把她举高,带她走向我们的车。她朝后仰头,捶打我的前胸,声音响亮而火热地在我耳边吼叫:"别走。留下来。留下来。"我们穿过大门,沿着曾经以骷髅为界的大道,她继续喊叫。我按下车钥匙，在围墙外的某个地方，汽车在我伤痕累累的指尖下自动解锁。我用膝盖和肩推开车门，把她按到车座上，声音冷冰冰的。"够了。我们要走了，安静点。乖孩子。"

离开基尔克雷时，我对自己的严厉言辞感到后悔，我的目光在后视镜中寻找她。在我们的雀斑下，我们的脸颊都如火般灿烂，而她的眼皮已经合上了。虽然她的怒吼还在我的脑海中萦绕，但她已经去了梦乡。

我不想走。我开得很慢。回到家后，我想，也许我会打开珍藏的一本新的笔记本，让自己振作起来。这一次，我不会一开始就写下"吸尘器""床单""拖把"或"泵乳器"这样的字眼。相反，我会想一些别的词汇，然后按照它们来写。当我拐弯回家的时候，我已经知道第一页要怎样开始。

这是一部女性之书。

The Keen for
Art Ó Laoghaire

———

致阿特·奥劳赫尔的挽歌

The Keen for Art Ó Laoghaire

i.
O my belovèd, steadfast and true!
The day I first saw you
by the market's thatched roof,
how my eye took a shine to you,
how my heart took delight in you,
I fled my companions with you,
to soar far from home with you.

ii.
And never did I regret it,
for you set a parlour gleaming for me,
bedchambers brightened for me,
an oven warming for me,
plump loaves rising for me,
meats twisting on spits for me,
beef butchered for me,
and duck-down slumbers for me
until midday-milking, or beyond
if I'd want.

致阿特·奥劳赫尔的挽歌

i.
我的爱人,坚定而真挚的你啊!
我第一次见到你的那天
在集市的茅草屋旁,
我的眼多么渴望你,
我的心多么爱悦你,
我和你一起逃离我的同伴,
和你一起远走高飞。

ii.
我从未后悔这一切,
因为你为我准备了一间闪亮的客厅,
为我准备了一间明亮的卧室,
准备了炉子为我取暖,
丰满的面包为我鼓起,
为我在烤架上翻动的烤肉,
为我宰杀的牛,
鸭绒被子裹起来的梦乡,直到中午,
如果我愿意的话,
甚至睡至午后。

iii.

O my companion, steadfast and true!
My mind summons again
that spring afternoon:
how handsome, your hat
with the golden trim,
the silver hilt gripped
in your firm fist,
your swagger so menacing
it set enemies trembling
as their foe approached,
oh, and below, the blaze
of your slender mare glowed.
Even the English would bow before you,
bow down to the ground –
moved not by respect,
but by terrible dread – and yet,
by them you'd soon be struck dead,
o my soul's sweet belovèd.

iv.

O, my bright-handed horseman,
how well it suited you, the pin
pressed in cambric, fixed fast,
and your hat, lace-wrapped.
When you returned from overseas,
the streets cleared for you instantly,

iii.
我的伴侣，坚定而真挚的你啊！
我的思绪再次召唤
那个春日午后：
你戴着镶金边的帽子，
多么英俊，
你的拳头紧握着
银色的剑柄，
你的大步流星气势汹汹，
敌人靠近时都会胆战心惊，
哦，在你的下面，
你那匹苗条的母马闪闪发光
即使是英国人也会在你面前俯首称臣，
匍匐在地——
不是因为尊敬
而是因为可怕的恐惧——然而，
你很快就会被他们击毙，
我最最亲爱的人啊。

iv.
我手脚麻利的骑手，这多么适合你啊，
别针压在麻纱上，
稳稳地固定着，
你的帽子包裹着蕾丝花边。
当你从海外归来，
街道立刻为你清空，

all enemies would flee, and not for fondness,
but in deep animosity.

v.

O, my steady companion!
When they come home to me,
our dotey little Conchubhar
and Fear Ó Laoghaire, the babba,
I know they'll ask me fast
where I've left their Dada.
Wretchedly, I'll tell them
that I left him in Kilnamartra,
but no matter how they roar
their father will never answer …

vi.

O, my companion, my bull calf!
Kin of the Earl of Antrim and the Barrys of Alkill,
how well your sword became you
with that banded hat,
your slender boots of foreign leather,
and the suit of fine couture
stitched and spun abroad for you.

vii.

O, my steady companion!
Never could I have believed you deceased,

所有的敌人都会逃之夭夭，这不是因为喜爱，
而是因为深深的敌意。

v.
我忠贞不渝的伙伴啊！
当他们回家来找我时，
我们可爱的小康楚巴尔
和菲尔·奥劳赫尔那小宝宝，
我知道他们会急切地问我
我把他们的爸爸留在哪儿了。
我会凄惨地告诉他们，
我把他留在了基尔纳马特拉，
但无论他们如何嘶喊
他们的父亲都不会回答了……

vi.
我的伴侣啊，我的牛犊！
安特立姆伯爵和阿尔基尔的巴里的亲人，
你的剑和那顶绑带的帽子多么般配啊，
你那双细长的外国皮靴，
还有那套在国外缝制的上等定制服装。

vii.
我忠贞不渝的伴侣啊！
我绝不能相信你已逝去，

until she came to me, your steed,
with her reins trailing the cobbles,
and your heart's blood smeared from cheek
to saddle, where you'd sit
and even stand, my daredevil.
Three leaps, I took – the first to the threshold,
the second to the gate,
the third to your mare.

viii.

Fast, I clapped my hands,
and fast, fast, I galloped,
fast as ever I could have,
until I found you before me, murdered
by a hunched little furze
with no Pope, no bishop,
no clergy, no holy man
to read your death-psalms,
only a crumpled old hag
who'd draped you in her shawl-rag.
Love, your blood was spilling in cascades,
and I couldn't wipe it away, couldn't clean it up, no,
no, my palms turned cups and oh, I gulped.

她来到我身边,你的马,
她的缰绳拖在鹅卵石上,
你的心上的血从脸颊流到马鞍上,
那是你坐和有时站着的那地方,
我的莽汉。
我大跨三步,首先越过门槛,
然后冲到大门,
最后冲到你的母马身边。

viii.
快一点,我拍着手,
快,快,我狂奔,
快得不可思议,
直到你出现在我面前,
你被一个驼背小人杀死了
没有教皇,没有主教,
没有神职人员,没有圣人
没人为你念诵悼词,
只有一个满脸皱纹的老太婆
用她的披肩裹着你。
亲爱的,你的鲜血如瀑布般溢出,
我擦不去,清理不掉,不行,
不行,我的手掌捧成杯子的形状,
然后,我大口大口地把血咽下去。

ix.

O my belovèd, steadfast!
Rise up now, do, stand,
come home with me, hand in hand,
where I'll order cows slaughtered,
and call a banquet so vast,
with music surging loud and fast.
I'll have a bed dressed
in bright blankets
and embellished quilts,
to spark your sweat and set it spilling
until it chases the chill that you've been given.

x.
Art's sister:

O, my darling, my pal,
many's the lady – buxom and chic – from Cork of tall sails
all the way to Toomsbridge
who'd have brought you pastures of cattle
and gold by the fistful,
and not one among them would have dared doze
on the night of your wake, as you lay cold.

xi.
Eibhlín Dubh

O, my friend and my lamb!

ix.
我的坚定不移的爱人啊!
起来,站起来,
和我手牵手回家吧,
在那里我将下令宰牛,
举行盛大的宴会,
让音乐响彻云霄
我会在床上铺上鲜艳的毯子
和缀以美丽图案的棉被,
让你挥汗如雨
直到驱走你身上的寒冷。

x.
阿特的妹妹:

我亲爱的,我的朋友,
许多丰满又时髦的淑女——从高帆的科克来
一直到图姆斯布里奇
会给你带来牧场上的牛
和一大把一大把的金子,
她们中没有一个人敢在为你守灵的夜晚打瞌睡,
因为你冰冷地躺着。

xi.
艾琳·杜布:

哦,我的朋友,我的羔羊!

Don't you believe that old babble,
the overheard whispers and hateful scandals
that claim I was napping.
No slumber hampered me, it was only
that your children were so distressed,
and they wept for your presence
to soothe them to rest.

xii.
O noble kin, listen,
is there in all of Ireland any woman,
having spent sunsets
stretched next to him,
having carried three calves for him,
who wouldn't be tormented
after losing Art Ó Laoghaire,
he who lies so cold here now
since early yesterday, when he was ground down?

xiii.
Morris, you runt; on you, I wish anguish! –
May bad blood spurt from your heart and your liver!
Your eyes grow glaucoma!
Your knee-bones both shatter!
You who slaughtered my bull calf,
and not a man in all of Ireland
who'd dare shoot you back.

你不要相信那些老掉牙的胡言乱语、窃窃私语
和可恨的丑闻
说我在打盹。
我并没有被睡眠妨碍,只是
你的孩子们太痛苦了,他们哭着要你到来
来安抚他们。

xii.
高贵的亲人们啊,听着
在整个爱尔兰,
有哪个曾经和他共同沐浴过日落的女人
为他扛过三头小牛的女人,
不会在失去阿特·奥劳赫尔之后感到痛苦?
他现在如此冰冷躺在这里
从昨天早上到现在,被毁掉了

xiii.
莫里斯,你这个王八蛋;
我希望你受尽痛苦!
愿你的心脏和肝脏喷出恶血!
你长青光眼!
你的膝盖齐齐粉碎!
你杀了我的小牛犊,
全爱尔兰没有一个人敢还手。

xiv.

O my friend and my heart!
Rise up now, dear Art,
hop up on your mare, do,
trot in to Macroom,
then on to Inchigeelagh and back
with a wine bottle in hand,
as you always had at home with your Dad.

xv.

An ache, this salt-sorrow of mine,
that I was not by your side
when that bullet came flying,
I'd have seized it here in my right side,
or here, in my blouse's pleats, anything,
anything to let you gallop free,
o bright-grasped horseman, my dear.

xvi.
Art's sister:

This raw regret is mine:
that I wasn't there too, just behind
when that gunpowder blew bright.
I'd have seized it here, in my right side,
or here, in my gown's deep pleats,
anything to let you to stride away free,

xiv.
哦，我的朋友，我的心肝！
起来吧，亲爱的阿特，
骑上你的母马，
一路颠跑着去马克鲁姆，
然后去因奇吉拉，
再拿着一只酒瓶回来
就像你和你父亲在家时一样。

xv.
我的悲痛，我的盐渍伤口一般的悲痛是，
在子弹飞来的时候，
我没有在你身边，
我当时就该让它射进我的身体右侧，
或者射进我的上衣褶皱里，哪里都行，
任何地方，只要能让你自由驰骋
我亲爱的缰绳骑士啊

xvi.
阿特的妹妹：

这赤裸裸的遗憾是我的
我也没在这里，火药爆炸时我不在你身后。
我应该让它射在这里，在我的身体右侧，
或者在这里，在我长袍的深褶里，
抓住它，只要能让你自由地大步离开，

oh grey-gazed horseman,
learnèd and gentlemanly.

xvii.
O, my friend, my belovèd-treasure!
How grotesque to witness
the grimace of death-cap and coffin
on my kind-hearted horseman,
he who fished the green streams
and drank in grand mansions
with bright-breasted ladies.
Oh, my thousand bewilderments,
I'm dizzied by the loss of your company.

xviii.
Trouncings and desolations on you,
ghastly Morris of the treachery,
you who thieved my man from me,
the father of my babies,
the pair who walk our home steadily,
and the third, still within me,
I fear will never breathe.

xix.
O, my friend and my pleasure!
Through the gateway, you were leaving

哦，沉着的骑士，
学识渊博，彬彬有礼。

xvii.
哦，我的朋友，我心爱的珍宝！
多么可怕啊，目睹
我心地善良的骑手头戴死人的帽子，
躺在棺材中，面部扭曲，
他曾在翠绿的溪流中捕鱼，
与胸前鲜艳的女士们在宏伟的宅邸中饮酒。
哦，我的千般困惑，
失去你的陪伴让我眩晕。

xviii.
你就要遭到苦难和毁灭，
背信弃义的混蛋莫里斯，
你从我身边窃夺了我的男人，
我的孩子们的父亲，
两个孩子在家中，
第三个还在我身体里，
我担心他将永远无法呼吸。

xix.
哦，我的朋友，我的幸福！
穿过大门，你正准备离去，

when you turned back swiftly
and kissed your two babies.
Heart of the palm, your kiss for me,
and when you said, 'Rise, Eibhlín,
settle your affairs neatly,
be firm about it, move quickly.
I must leave the home of our family,
and I may never return to ye,'
oh, I only chuckled in mockery,
since you'd made such warnings so frequently.

xx.
O, my friend and my lover!
Dear horseman of the bright sword,
rise up now,
pull on your uniform
of noble, bright cloth
and the dark beaver-skin,
then tug up your gloves.
Look, your whip is hung up above.
Your mare waits beyond.
Hit that narrow road east
where each tree will kneel for you,
each stream will narrow for you,
and all men and women will bow for you,
if they remember the old manners,
though I fear they no longer do …

却又迅速回头
亲吻你的两个孩子。
你吻了我的掌心,
当你说:"起来吧,艾琳,
把你的事情处理好,
要果决,要快。
我必须离开我们的家,
也许再也回不来了。"
哦,我只是嘲弄地笑了笑,
因为你经常如此警告。

xx.
哦,我的朋友,我的爱人!
亲爱的亮剑骑士,
现在站起来,
穿上高贵的闪亮的布料和深色的海狸皮
做的制服,
然后戴上你的手套。
看,你的鞭子高高挂起。
你的母马就在后面等着你。
踏上东边那条羊肠小道吧,
那里的每棵树都为你跪着,
每条小溪都为你变窄
所有的男人和女人都会为你鞠躬,
如果他们还记得过去的礼仪的话,
虽然我担心他们已经不记得了……

xxi.

O, my friend, my companion,
neither my deceased kin,
nor my family's three dead belovèds –
not Domhnall Mór Ó Conaill,
nor Conall drowned by flooding,
not even the twenty-six-year-old lady
who went overseas
to become a companion to royalty –
oh no one else do I grieve now,
but my own Art, struck down at dusk
and torn from us!
Only the brown mare's horseman
do I still hold, he, alone –
and now none will come close,
only the dark-cloaked little mill-women,
and to multiply my thousand cataclysms,
not one of them will summon a tear for him.

xxii.

O, my friend and my bull calf!
Dear Art Ó Laoghaire,
son of Conor, son of Keady,
son of old Laoiseach Ó Laoghaire
from back west in The Gearagh,
of those who came east from sheer peaks

xxi.
哦，我的朋友，我的伙伴，
既不是我已故的亲人，
也不是我家中死去的三位挚爱的人——
不是多姆纳尔·莫尔·奥康奈尔，
也不是被洪水淹死的科纳尔，
甚至不是那位出国成为皇室伴侣的二十六岁女士——
哦，我现在并不哀悼其他人，
只哀悼我自己的阿特，
他在黄昏时被击倒，
从我们身边被夺走！
我只抱着那匹棕色母马的骑士，
他，只有他——
现在没有人愿意靠近，
只有那些披着黑斗篷的磨坊女工，
让我万分悲痛的是，
她们中没有一个人会为他流泪。

xxii.
哦，我的朋友，我的牛犊！
亲爱的阿特·奥劳赫尔，
康纳之子，凯迪之子，
来自西边盖拉赫的老拉伊塞克·奥劳赫尔之子，
那些从陡峭的山峰向东而来的人的孩子，
在那里，羊群肥美，树枝上

where sheep grow plump, and branches
grow heavy with clusters of nuts,
where apples spill lush
when their sweet season rises up.
What wonder, now, to anyone
should they all blaze up, all the people
of Iveleary, Ballingeary,
and those of Gougane Barra's holy streams,
howling in grief for our steady-handed horseman,
he who exhausted the hunt
that day in Grenagh, when his exertions were such
that even the most muscular hounds gave up?
And o, my horseman of firm stare,
what went awry last night?
I never imagined
as I chose your clothes – so elegant and fine –
that you could ever be torn from this life.

xxiii.
Art's sister:

O, my pal, o, my brother!
Kin of nobility,
you kept eighteen wet nurses toiling
and they each earned their salary,
paid in heifers and mares,
in sows and in piglets,
in mills fording rivers,

沉甸甸地挂满一簇簇
坚果，苹果结出丰茂的果实
当甜美的季节来临的时候
现在，对任何人来说都是多么奇怪啊：
如果伊维莱里和巴林加里的所有人
都突然暴怒起来，
如果古根巴拉圣溪的人们
都在为我们这位稳当的骑士哀号
他狩猎到精疲力竭
那天在格勒纳赫，
他的努力甚至让肌肉最发达的猎狗也放弃了
哦，我目光坚定的骑士，
昨晚出了什么差错？
我绝没想到
当我为你挑选衣服时——那些高贵典雅的衣服——
绝没想过怎么你竟会离开人世。

xxiii.

阿特的妹妹：

哦，我的伙伴，哦，我的兄弟！
高贵的亲人，
十八个乳母曾为你辛劳，
她们每个人都挣到了工资，
这些工资是小母牛和小母马来支付，
是母猪和猪仔，
是磨坊和河流，

in bright golds and silvers,
in silks and in velvets,
in vast estate pastures –
all that suckling staff
who worked to serve our fine bull calf.

xxiv.
O my love and my dear!
O my love and my bright dove!
Though I could neither come to your aid
nor bring troops your way,
that's no cause for shame –
for they were all restrained
in their dark place, locked
in coffins and tightly sealed
by wakeless sleep.

xxv.
Were it not for the smallpox,
the Black Death
and the fever-spots,
those gruff hordes would surely have come,
shaking their reins
and raising glorious tumult
as they arrived at your funeral,
dear Art, whose chest was once luminous …

是明亮的金银,
是丝绸和天鹅绒,
是广阔的庄园牧场——
所有这些哺乳员工
为我们的好牛犊服务。

xxiv.
艾琳·杜布:

哦,我的爱人,我亲爱的!
哦,我的爱人,我明亮的鸽子!
虽然我既不能来帮你,
也不能为你带去军队,
但这并不值得羞愧——
因为他们都被禁锢在黑暗的地方,
被锁在棺材里,被无声的睡眠
紧紧封住。

xxv.
如果没有天花、黑死病
和热病,
那些粗野的大军一定会来到这里,
抖动着他们的缰绳
并引起巨大的骚动
来参加你的葬礼,
亲爱的阿特,你的胸膛曾经熠熠生辉……

xxvi.

O, my belovèd, my pleasure!
Kin to the rough horde who hunted the gorge,
how you led them twisting and turning,
all, then steered them back to the hall,
where blades were sharpening
over pork set for carving,
with countless ribs of mutton,
and oats so tasty
they'd draw speed from each steed,
the stallions, slender and thick-maned,
all attended by stable-boys with care,
and not a soul charged for their beds,
for expenses, or for board of their horses,
even should they stay for a week's rest,
o dear brother of many friends.

xxvii.

O, my friend and my calf!
Last night, such clouded reveries
appeared to me, come midnight
in Cork as I lay awake late.
Alone, I dreamt
our bright-limed home tumbling,
the Gearagh all withering,
without a growl left of your hounds
nor the sweet chirp of birds,
like when I found you

xxvi.

我的爱人啊，我的满足
与那些在峡谷狩猎的粗犷部落有着血缘关系，
你是如何把他们引得七扭八歪，
然后又把他们引回大厅，
在那里，刀片磨得锃亮
猪肉准备切割，羊肉排骨数不胜数，
燕麦美味可口
他们让每匹骏马放慢速度，
这些骏马体型修长，鬃毛粗壮，都有马童照料，
没有一个人收取他们的床铺费用
即使他们在这里休息一周，
也不收他们的床铺费、开销费和马匹的膳宿费
许多朋友的亲爱的兄弟啊

xxvii.

哦，我的朋友，我的小牛！
昨晚，在科克郡的午夜时分，
当我深夜未眠时，
我的脑海中浮现迷云般的遐思
我独自梦见
我们明亮的家园摇摇欲坠，
盖拉赫整个儿地枯萎殆尽，
再没有你的猎犬的咆哮
也不会有鸟儿甜美的啾鸣，

out on that mountain ground,
with neither priest nor clergy
to keep you company, only the crumpled old lady
who folded her cloak over your body.
That soil clung to you fiercely
dear Art Ó Laoghaire,
as your blood drenched streams
through your shirt so bleakly.

xxviii.
O, my love and my darling!
You looked so striking
in your five-folded stockings,
with your boots, knee-high,
and your hat, the cornered Caroline.
Whenever you flicked your whip,
nimble-quick on a merry gelding,
many modest gentlewomen
found their eyes shyly following.

xxix.
O my belovèd, steadfast and true!
When you strolled those fine city avenues,
merchants' wives always
stooped their curtsies low for you.
How well, they could see
what a hearty bed-mate you'd be,

就像我发现你在那片山地上时
没有牧师或神职人员
陪伴你，只有一位皱巴巴的老妇人
用她的斗篷盖住你的身体。
亲爱的阿特·奥劳赫尔，
那片泥土紧紧地贴着你的身体，
你的鲜血浸透了衬衫，黯然阴冷地。

xxviii.
哦，我亲爱的爱人！
你看起来多么耀眼
你穿着五褶长袜，靴子及膝，
你卡洛琳帽子上有带角的设计。
每当你挥动马鞭，
灵活敏捷地驾驭着欢快的骏马时，
许多谦恭的淑女
都会害羞地注视着你。

xxix.
哦，我的爱人，坚定而真挚的你啊！
当你漫步在城市的林荫大道上，
商人的妻子们总是
为你弯腰行礼。
她们能够清楚地看到
你会是个多好的床伴，

what a man to share a saddle with,
what a man to spark a child with.

xxx.
Jesus knows
I'll allow no bonnet to crown me
no silk slip to cover me,
no shoe to sole me
not a stitch of home furnishings
not even a rein for the chestnut mare, no,
I'll spend every cent on law-men instead.
I'll even go overseas
to confront royalty,
and if the king won't entertain me,
I'll turn again wildly
to the black-blooded lout
who thieved my treasure from me.

xxxi.
O my love and my sweetheart!
Should my howl reach as far
as grand Derrynane
and gold-appled Ceaplaing,
strong, the slim horsemen
and pale-hankied women
who would thunder in,
and their wails would be boundless
over Art, our own sweet scoundrel.

和你共用马鞍,
和你生儿育女

xxx.
耶稣知道
我不再戴帽子了,也不再身裹丝绸衬裙
脚底也不穿鞋了
没有一针一线的家居装饰
甚至连栗色母马的缰绳都不要了,不,
我要把每一分钱都花在律师身上。
我甚至要出国和皇室对抗,
如果国王不答应我的要求,
我会再次发疯
去找那个
偷走了我的财宝的黑心歹徒

xxxi.
哦,我的爱人,我的心肝!
唯愿我的哀号能传到遥远壮丽的德林内恩,
传到金苹果遍布的基普林。
坚强的,那些瘦弱的骑手和白发苍苍的女人
怒吼着来了,
她们的哀号将无边无际地
笼罩着阿特,我们自己可爱的无赖。

xxxii.

All my heart's fondness
to the bright little mill-women,
so skilled was their weeping
for the chestnut mare's horseman.

xxxiii.

Your heart, I wish broken,
John Cooney, you villain!
If it was a bribe you were seeking,
you should have come straight to me,
for I'd have given you plenty:
a horse of thick-mane
to dash you away
from the wild mobs
who await your judgment day;
pastures of cattle
or plump ewes in lamb,
or perhaps even the suit of my own gallant man,
with his own bright spurs and his fine boots too,
although it'd be a wrench
to see you wear them instead,
since you're a right pissy bodkin,
or so I've heard said.

xxxiv.

O my white-grasped horseman,
Since your hand's been struck down,

xxxii.
我心中所有的爱
都给美丽的磨坊小女工们,
她们如此娴熟地
为栗色母马的骑士哭泣。

xxxiii.
我希望你的心碎成万段,
约翰·库尼,你这个恶棍!
如果你要贿赂我,你应该直接来找我,
因为我会给你足够多:
一匹厚鬃马,
把你从等待你审判日的暴民中赶走;
牧场里的牛群
或肥美的母羊
或者,我还会给你我自己英勇的男人的衣服,
还有他自己的亮马刺和他的好靴子。
不过,如果你穿上这身衣服,
那可就糟了,
因为你是个十足的小气鬼,
我听别人是这么说的。

xxxiv.
哦,我的白袍骑士,
既然你的手已被击落,

why not rise up to Baldwin now,
that shit-talking clown,
that bockety wimp, all mean frowns,
to demand satisfaction
for the loss of your mare
and your beloved's heartache.
May none of his six children blossom for him!
Only let no harm fall on Mary,
and not for much sisterly love,
but only that my own mother
made her a first bed within her,
where we shared three seasons together.

xxxv.
O, my love and my darling!
Your barley has risen thick and golden,
your fair cows are well-milked,
but such pain grips my heart still
that all of Munster cannot fix me a remedy,
nor even Fair Island's gifted smithery.
Unless Art Ó Laoghaire returns to me
this grief will never be eased,
it weighs on my heart so brutally,
keeping it sealed so tightly

何不现在就站起来面对鲍德温这个满口胡言的小丑
满脸横肉的窝囊废,
要求他赔偿
你失去的母马
和你爱人的心痛。
但愿他的六个孩子也都死绝!
只是不要让玛丽受到伤害,
这不是因为姐妹情深,
而是因为我的母亲曾为她铺好了第一张床
我们在那里一起度过了三个季节

xxxv.
哦,我的爱人,我的宝贝!
你的大麦长势喜人,金灿灿的,
你的奶牛膘肥体壮,
但我的心依然痛苦不堪
整个蒙斯特[1]都无法为我找到解药,
就连美丽岛[2]的天才铁匠铺也无能为力。
除非阿特·奥劳赫尔回到我身边
这种悲痛将永远无法抚平,
它如此残酷地压在我的心上,
将我的心紧紧封住

---

1 爱尔兰南部的一个省份。
2 英国苏格兰群岛中的一个小岛,以美丽的自然风光和传统的手工艺品闻名。

as a lock clasps a chest
whose golden key has been lost from me.

xxxvi.
Oh, you women who cry outside,
halt your feet a while,
let Conor's son Art call a drink
and more for the other poor souls,
for soon, they'll all enter that school together –
in pursuit of neither learnèd song nor verse,
but only to raise cold stone and earth.

就像一把锁紧紧锁住了一个箱子
我失去了它的金钥匙。

xxxvi.
哦,你们这些在外面哭泣的女人,
停一下脚步,
让康纳的儿子阿特喝一杯,
为其他可怜的灵魂也多叫些酒来,
因为不久之后,他们就会一同进入那所学校——
不是为了追求博学的歌谣或诗歌,
而只是为了筑起冰冷的石头和泥土。

致　谢

我非常感谢兰南基金会的慷慨解囊，他们全程支持我完成这部作品；我也非常感谢爱尔兰艺术委员会，在我起初开始写作的关键时刻，他们为我提供文学助学金，给我时间将这本书从种子变成幼苗。在我写作这本书的年月，我得到了洛林·梅和科克仲夏艺术节[1]的大力支持，也得到了在我蹑手蹑脚写作时帮我照看孩子们的女人们的大力支持：罗斯、米歇尔和玛丽安。我还要感谢坦普尔巴艺术画廊的克利奥德纳·沙弗瑞和迈克尔·希尔、文字爱尔兰[2]、克莱尔艺术办公室[3]以及乔安娜·沃尔什的慷慨鼓励。长期以来，我一直非常欣赏流浪者出版社

---

[1] 爱尔兰科克市每年夏季举办的一场庆祝活动，专注于庆祝和推广包括戏剧、音乐、舞蹈、文学在内的各种艺术形式。
[2] 一个支持和促进文学创作、阅读和表演的爱尔兰文学组织。
[3] 爱尔兰克莱尔郡的一个支持和促进艺术文化活动的机构。

的丽莎·库恩、萨拉·戴维斯·高夫和劳拉·瓦德尔的工作，我一直梦想他们能出版这本书——谢谢你们。Mo bhuíochas leo siúd a spreag misneach ionam[1]——致那些鼓励过我继续写作艾琳·杜布的故事的人，尤其是在我怀疑自己的时候：卡尔·多伊尔、克拉拉·杜普伊-莫朗西、阿纳卡娜·斯科菲尔德、帕特里夏·考克兰、克莱尔·威尔斯、林达·康诺利和莎拉-玛丽亚·格里芬。我还要感谢伊恩·西尔塔尔、约翰·菲茨杰拉德、塞恩·乌亚·苏伊拉布哈因、塞恩·克罗宁、蒂米·奥康纳、塔格·奥沙利文、奥夫·布里特纳赫博士和莫琳·肯纳利。我非常感谢《都柏林评论》的布兰登·巴林顿，他发表了书中两章早期的版本，并为我提供了精心的编辑指导。非常感谢德莫特·马霍尼博士，我向他致以崇敬之情。感谢迈克尔·克罗蒂博士，我向他致谢。感谢苏珊娜·奥沙利文博士，她是英雄。感谢所有在母乳银行和新生儿重症监护室工作的人们。感谢蜜蜂鉴赏家宝拉·米汉。感谢科克市慷慨的图书管理员们，他们为我搬运了很多很多的书。致萨拉·鲍姆，她的友谊每天都使我振作。感谢艾米和赛尔莎，她们在我担忧的时候关心我。感谢希妮德·格利森，感谢她的友善。马修·特纳，感谢您的指导。感谢我的父母：忍受家里有一个作家的尴尬并非易事，然而你们理解

---

[1] 爱尔兰语，大意为：我感谢那些鼓舞了我的人们。

我必须书写自己的人生，我将永远感激这份礼物。献给我的娜娜·梅，她心胸宽广，勇气可嘉，我从她身上学到了很多。我所有的爱献给我的孩子们，一如既往，也献给蒂姆，感谢他做了节育手术。Míle buíochas ó chroí libh go léir。[1]

---

1 爱尔兰语，大意为：感谢你们所有人。

延伸阅读

我对《挽歌》的翻译是基于肖恩·奥图阿玛1961年出版的《挽歌》。我仔细研究了这一版本，并对他无可挑剔的学术成就表示感谢。许多其他书籍、译本和学术著作都详细介绍了本书所探讨的时代和文学。

以下是我为了构建我对这个主题的理解而参考的一些出版物，对于想要了解更多信息的读者来说，它们也许会很有帮助。

Mrs Morgan John O'Connell (1892) *The Last Colonel of the Irish Brigade: Count O'Connell and Old Irish Life at Home and Abroad, 1745–1833*

Méadhbh Nic an Airchinnigh (2012) 'Caointeoireacht na Gaeilge: Béalaireacht agus Literathacht', PhD thesis, NUIG

Eugene O'Connell (2009) 'The House of Art O'Leary', *Cork Literary Review* Volume 13

Peter O'Leary (1998) 'The Life and Times of Art Ó Laoghaire', a talk given on 13 September 1998 to the third O' Leary gathering in Inchigeelagh and subsequently published in the *Journal of the Ballingeary & Inchigeela Historical Society*

Eavan Boland (2011) *A Journey with Two Maps*

Peter Levi (1984) *The Lamentation of the Dead*

Seán Ó Tuama (1995) *Repossessions*

Angela Bourke (2017) ' "A Bhean Úd Thall!" Macallaí Idirghaelacha i bhFilíocht Bhéil na mBan', *Scottish Studies* Volume 37

Angela Bourke (1993) 'More in Anger than in Sorrow: Irish Women' s Lament Poetry' in *Feminist Messages: Coding in Women's Folk Culture*

Angela Bourke (2002) *The Field Day Anthology of Irish Writing*, Volume IV, pp 1372–84

Edward MacLysaght (1944) 'Survey of Documents in Private Keeping: First Series–Conner Papers' *Analecta Hibernica* Volume15, pp 153, 155–159

James O'Leary (1993) 'A Dead Man in Carriganorthane' in *A Time that Was in Clondrohid, Macroom, Millstreet, Kilnamartyra and Ballyvourney*

John T. Collins, 'Arthur O' Leary, the Outlaw' and subsequent supplements in *Journal of the Cork Historical and Archaeological Society,* Volume 54 (1949), Volume 55 (1950) and Volume 61 (1956)